Erich Zenger

DIE SCHÖPFUNG

Erich Zenger

DIE SCHÖPFUNG

Pattloch

Film- und Bildrechte:
A LUBE Production for LUX-VIDE, BetaFilm and Quinta in association with RAI, France 2, ORF, Antena 3, ARD, MTM, Czech TV, NCRV and BSkyB
© 1994

Übrige Bildnachweise:
Seite 130/131, Die Erschaffung Adams, 1511/12. Fresko, Rom, Vatikan, Cappella Sistina (4. Mittelfeld der Deckenfresken.), Michelangelo Buonarroti, Archiv für Kunst und Geschichte, Berlin; Seite 132, Antike Kosmologie, Zeichnung, © St Pauls International „La Bibbia Per La Famiglia"; Seite 133 oben: Vögel vor Sonnenuntergang, Foto: Mauritius, Stuttgart; Seite 133 unten: Meister Bertram, tätig um 1340-1414/15, Die Erschaffung der Tiere, Altar von St. Petri, Hamburg, Artothek-Grabower, Peissenberg; Seite 134, „Adam und Eva", um 1546, Öl auf Holz, Lucas, Cranach d. Ältere, Deutschland, Privatbesitz, Archiv für Kunst und Geschichte, Berlin; Seite 135 oben: Foto: Anselm Spring, Springhill Farms; Seite 135 Mitte: Detail aus „Adam und Eva" um 1546, Öl auf Holz, Lucas Cranach d. Ältere, Deutschland, Privatbesitz, Archiv für Kunst und Geschichte, Berlin; Seite 136 unten: Feldarbeiter in Spanien, Foto: Mauritius, Stuttgart;
Seite 137 oben: World Press Photo des Jahres 1994, Kinder der Intifada, Foto: Larry Towell, Kanada, Magnum Photos, USA/Focus Photo- und Presseagentur, Hamburg ; Seite 138, Neues vom Turmbau, 1977, Öl, Bernhard Heisig, © VG Bild-Kunst, Bonn 1995; Seite 139 oben: Abendhimmel, Digitalzahlen, Foto: Mauritius, Stuttgart; Seite 139 unten: Tempel von Ur, Zeichnung, Robert Erker, Augsburg; Seite 140, Adam nach dem Sündenfall II, 1969-1973, Novopanplatte mit Leinwand beklebt, Tempera-Acryl-Harzölfarben, © Rudolf Hausner, Mödling; Seite 143 oben: Foto: Andrea Burnus-Krauss

Alle Rechte, insbesondere des Nachdrucks und der auszugsweisen Wiedergabe größerer Teile, sind ausdrücklich vorbehalten. Die in § 53, 54 UrhG genannten Ausnahmefälle sind davon nicht berührt.
Es ist nicht gestattet, Abbildungen dieses Buches zu scannen, in PCs oder auf CDs zu speichern oder in PCs/Computern zu verändern oder einzeln oder zusammen mit anderen Bildvorlagen zu manipulieren, es sei denn mit schriflicher Genehmigung des Verlages.

Die Deutsche Bibliothek - CIP-Einheitsaufnahme

Die Schöpfung / Erich Zenger. - Augsburg : Pattloch, 1996
ISBN 3-629-00153-X
NE: Zenger, Erich

Gedruckt auf chlorfrei gebleichtem Papier.

Lizenziert durch MERCHANDISING, MÜNCHEN KG
Pattloch Verlag, Augsburg
© Weltbild Verlag GmbH, 1996

Layoutkonzept und Titelgestaltung: in-graphic, München
Satz und Layout: Ilse Nowak, Pattloch Verlag, Augsburg
Gesetzt aus der 10,5 pt/18 pt Univers Condensed
Reproduktion: Repro Ludwig, A - Zell am See
Druck und Bindung: Passavia, Passau
Printed in Germany

ISBN 3-629-00153-X

Inhalt

Erich Zenger: Die Schöpfung

Was sagen die biblischen Schöpfungsgeschichten?	7
Beschwörung des guten Anfangs	20
Hat die biblische Schöpfungsgeschichte eine politische Funktion?	22
Nur dienende Funktion des Schöpfungsglaubens?	23
Gesellschaftskritische Anstöße	24
Bilder und Bildgeschichten	27
Vorwelt-Bilder	32
Gegenwelt-Bilder	33
Bilder vom Schöpferhandeln Gottes	34
Schöpfung durch das Wort	47
Die Erschaffung der Welt	50
Der Kosmos als Haus	52
Die Menschen – Gottesbilder im Haus der Welt	54
Herrschaft über alle Geschöpfe?	55
Die Menschen als Verteidiger der Erde	56
Verantwortung der Menschen für das ganze Lebenshaus	58
Die Vision vom kosmischen Frieden	72
Die Ruhe der Vollendung	75
Der Mensch als Mann und Frau	77
Die Erschaffung von Mann und Frau	79
Die Bestimmung des Menschen zur Arbeit	89
Bearbeiten, Bedienen und Bewahren der Erde	92
Von der Widersprüchlichkeit des menschlichen Lebens	106
Die Menschen zwischen Fluch und Segen	108
Der Teufelskreis der Gewalt und der Einspruch des Schöpfergottes	110
Der bleibende Segen des Lebens	112
Der ewige Bund Gottes mit seiner Schöpfung	123
Die Sintfluterzählung	124
Die Verwandlung des Schöpfergottes	126
Unter dem Bogen des Bundes	128
Roland Krabbe: Die göttliche Initialzündung	130
Heinrich Krauss: Der Film	141

Die Schöpfung

Erich Zenger

Was sagen die biblischen Schöpfungsgeschichten?

Ob man mit Martin Buber übersetzt *„Im Anfang schuf Gott den Himmel und die Erde"* oder mit Martin Luther *„Am Anfang schuf Gott Himmel und Erde"*, ob man mit nicht wenigen Bibelwissenschaftlern *„Als Gott anfing, Himmel und Erde zu schaffen"* liest oder sich der Deutung *„Als Anfang schuf Gott Himmel und Erde"* anschließt: Im Horizont der jüdisch-christlichen Überlieferung hat *„Schöpfung"* mit dem *„Anfang"* der Welt und des Lebens zu tun.

Nicht weil ich die Bibel vor Kritik verteidigen will, sondern aus der Überzeugung heraus, daß uns die biblische Schöpfungstheologie angesichts der Begrenztheit naturwissenschaftlichen Umgangs mit der Natur Vieles zu sagen hat, halte ich es für sinnvoll, daß wir uns mit den ganz anderen *„Welt-Sichten"* der jüdischen und der christlichen Bibel konfrontieren lassen. Nicht zuletzt, um damit uns selbst neu sehen zu lernen.

Die Bibel läßt uns schon die Frage nach dem Anfang neu stellen. Wer die Frage nach dem Anfang eines Zustandes oder einer Geschehensfolge stellt, möchte wissen, wann, wie und warum etwas einmal angefangen hat. Die Frage nach dem Anfang von Welt und Mensch ist die Frage nach deren Ursprung und Urgrund. Als solche ist sie nicht die Frage nach dem Zeitpunkt und der Art des Anfangs, sondern nach der Qualität des Anfangs: die Frage nach dem Ursprung ist die Frage nach dem Zusammenhang und nach dem Ziel des Ganzen.

Antwort auf die Frage: Wozu lebe ich?

„Welt-Sichten" der jüdischen und der christlichen Bibel

Die Frage nach dem Anfang von Welt und Mensch

Der Mensch gab Namen allem Vieh, den Vögeln des Himmels und allen Tieren des Feldes. Aber eine Hilfe, die dem Menschen entsprach, fand er nicht.

Gen 2,20

Ob der Ur-Feuerball, aus dem sich der Ur-Knall ereignete, ob Wasserstoff-Atome oder was immer naturwissenschaftlich gesehen „am Anfang" war – kein naturwissenschaftliches Welt-Modell will und kann die philosophischen und theologischen Fragen beantworten: Warum gibt es überhaupt etwas und nicht nichts? Was ist der Grund des Anfangs? War es ein guter oder böser Anfang? Ein Unfall oder ein Zufall? Die naturwissenschaftliche Frage nach dem Zeitpunkt und dem Ablauf des Anfangs der Welt ist erst die zweite Frage, der die theologische Frage nach Zusammenhang und Ziel des vielgestaltigen „Anfangs" vorgeordnet ist.

Kein natur-
wissenschaftliches
Welt-Modell

Die Frage nach der Bedeutung und dem Sinn des Ganzen ist unlösbar verknüpft mit der Frage nach dem Sinn unseres Lebens: Warum und wozu lebe ich? Wenn wir diese Frage stellen, betrachten wir unsere Lebensgeschichte und uns selbst: Was soll das Ganze? Warum und wozu das Ganze? Und ich in ihm? Wie kann ich selbst einen Sinn haben, wenn dieses Ganze keinen Sinn hat? Und wie soll dieses Ganze *jetzt* einen Sinn haben, wenn es ihn nicht schon von Anfang an hat? Und wie soll der Gott, dem ich für mich, hier und heute, vertraue, der Horizont und der Halt meines Lebens sein, wenn er nicht zugleich, ja zuallererst der Gott dieser Welt von Anfang an ist? Die biblische Rede von Gott als dem *Schöpfer* der Welt und dem *Schöpfer* des Menschen ist ein Nachdenken über diese Fragen.

Die Frage:
Warum und wozu
lebe ich?

An den Schöpfergott glauben, heißt deshalb nicht, sich für eines der wechselnden naturwissenschaftlichen Weltmodelle zu entscheiden. Die Bibel hat vielmehr die Hoffnung, „daß Welt und Mensch nicht sinnlos aus dem Nichts ins Nichts geworfen sind, sondern daß sie als Ganzes sinnvoll und wertvoll sind, nicht Chaos, sondern Kosmos, daß sie in Gott... eine erste und letzte Geborgenheit haben. Nichts zwingt mich zu diesem Glauben. Ich kann mich für ihn in aller Freiheit entscheiden! Habe ich mich entschieden, dann verändert dieser Glaube meine Stellung in der Welt, meine Einstellung zur Welt" (H.Küng). Unser Glaube an Gott als den Schöpfer des Ganzen wird lebendig im Umgang mit diesem Ganzen und seinen Teilen: Nicht obwohl, sondern weil Gott Schöpfer des Ganzen ist, haben das Ganze und seine Teile eine Würde, die es zu respektieren gilt.

Gott
Schöpfer des Ganzen

> **B**eide, Adam und seine Frau,
> waren nackt,
> aber sie schämten sich nicht voreinander.
> *Gen 2,19*

Und der Mensch
sprach:
Das endlich ist Bein von meinem Bein
und Fleisch von meinem Fleisch.
Frau soll sie heißen;
denn vom Mann ist sie genommen.

Gen 2,23

Dann legte Gott, der Herr,

in Eden, im Osten, einen Garten an

und ließ in der Mitte des Gartens

den Baum des Lebens

und den Baum der Erkenntnis von Gut und Böse wachsen.

nach Gen 2,8f

Beschwörung des guten Anfangs

Zunächst machten sich Menschen in Mythen Gedanken über die Entstehung der Welt. Auch die uns überkommenen biblischen Schöpfungstexte sind noch von der Herkunft der Schöpfungstheologie aus dem Mythos geprägt. Viele ihrer Motive und Bilder kommen aus dem Mythos.

Keine rationale Erklärung der Weltphänomene

Die biblische Urgeschichte (Gen 1–9) hat zwei Pole. Zum einen wird die Erschaffung der Welt geschildert, zum anderen die Sintflut, an deren Ende Gott die Zusage gibt, in Zukunft die Welt vor Bösem zu bewahren. Diese beiden Pole zeigen noch deutlich, worum es im Schöpfungsmythos ursprünglich geht. Dem Mythos geht es nicht um rationale Erklärung der Weltphänomene und ihrer Ursachen, sondern er erzählt von den guten Anfängen der Welt. Es wird gesagt: Gott hat die Welt gegründet, er hat ihr Grund gegeben und hält diesen Grund fest. Der Schöpfungsmythos ist nicht die „Ausfabulierung eines vorgeschichtlichen, de facto allem Wissen entzogenen Zeitraumes, in dem erste Ursachen bestimmt oder die Prototypen gegebener Weltphänomene auf Gott (oder die Götter) zurückgeführt werden". Seine Aufgabe ist vielmehr, „die Tiefendimension der gegenwärtigen Erfahrungswelt auszusagen und diejenigen Grundgegebenheiten und Grundbestimmungen freizulegen, die für Welt und Mensch im ganzen und immer schon gelten" (O.H.Steck).

Die Form der Göttergeschichte

Heute formulieren wir diese Zusammenhänge philosophisch-theologisch. Aufgrund unserer abendländischen Tradition sprechen wir abstrakt von den Bedingungen unserer Welt und unseres Menschseins. Der Mythos dagegen wählt die Form der Göttergeschichte, die er als „am Anfang" spielend erzählt. Dabei ist dieser Anfang nicht ein zeitlicher Anfang, sondern Anfang im Sinne von beispielhaftem und grundlegendem Ur-Geschehen. Der Mythos gibt Kunde von einem Urgeschehen, das „in illo tempore" („in jener Zeit") geschehen ist. Im Blick auf dieses Urgeschehen erscheinen alle weiteren Geschehnisse als sinn- und heilvoll. Für den Mythos ist das gegenwärtige Leben die notwendige Wiederholung seines Ursprungs, die Vergegenwärtigung seines Urbilds.

Die altorientalischen Schöpfungsmythen (und entsprechend die alttestamentlichen Urgeschichten) reden eigentlich nicht darüber, wie es zu dieser Welt *gekommen ist*, sondern wie diese Welt „eigentlich" *ist*, wie der Mensch sie und sich in ihr sehen soll. Vor allem sprechen sie darüber, wie die Götter (bzw. der Gott Israels) zu dieser Welt stehen, sie halten und schützen. Der Mythos will im Angesicht der verehrten Schöpfergottheiten geradezu eine gute Weltordnung einklagen.

Er ist das erzählerische Entdecken und beschwörende Festhaltenwollen des guten Anfangs. Und er hat das Ziel, dieser verborgenen, aber sich entbergenden und darin bergenden Ur-Ordnung entsprechend die Welt als Ort des Lebens (und nicht des Todes) zu erhalten und zu gestalten. So gesehen ist der Mythos eine andere Form des Gebetes an die Götter.

Im Mythos kehren die Menschen an den als ideal vorgestellten „Anfang" zurück - in eine „paradiesische" Gegen-Welt zu der als vielfach gestört und bedroht erfahrenen „realen" Welt. Die biblische Schöpfungstheologie ist deshalb eine Antwort auf Angst und Resignation angesichts katastrophischer Welt- und Lebenserfahrungen.

Eine Antwort auf Angst und Resignation

In archaischer Zeit entfaltete der Mythos seine menschenfreundliche Kraft, indem er im Kult rezitiert und im Ritus (nach-)gespielt wurde. Vorzüglicher „Sitz im Leben" von Schöpfungsmythen waren der Beginn eines neuen (agrarisch bestimmten) Jahres und die Geburt eines Menschen. Beide Situationen sind kritische Momente in der kollektiven und individuellen Lebensgeschichte. Wenn an diesen Lebenswenden der Mythos von der Weltschöpfung (an Neujahr) und der Menschenschöpfung (bei der Geburt) rezitiert wird, geschieht es mit dem Ziel, den „neuen" Menschen und das „neue" Jahr heilvoll in die am guten Anfang götter- bzw. gottgestiftete Welt- und Lebensordnung zu integrieren.

„Chaotische" Erfahrungen, in denen die Schöpfungstheologie mit ihrer Beschwörung des guten Anfangs Lebensangst und -bedrohung bewältigen und abwehren will, sind besonders auch Krankheit und Leid. Im Augenblick höchster Existenznot appellieren Menschen im Mythos an die gute Schöpfungsordnung. Sie erinnern sich an den guten Anfang menschlichen Lebens, wenn sie sich im Mythos das Wirken Gottes vor Augen halten. Beide Male geschieht der Bezug auf die gute Schöpfung im Kontrast zu der leidvoll und widersprüchlich erfahrenen Realität. Dies dokumentiert die lebenserhaltende und tröstende Funktion der Schöpfungstheologie bei der Bewältigung von Lebenskrisen.

„Chaotische" Erfahrungen

Hat die biblische Schöpfungsgeschichte eine politische Funktion?

Sowohl in Ägypten als auch in Mesopotamien werden Schöpfungsmythen eingesetzt, um einen politischen „status quo" zu legitimieren. Danach sind die grundlegenden Institutionen des Staates von Anfang an vorgegeben. Sie haben eine metaphysische und göttergewollte Bedeutsamkeit. Ihre Unverzichtbarkeit wird beschworen, um die Kritik und Auflehnung unterworfener Städte und Völker abzuwehren. Insbesondere werden die Institution des Königtums, die Regierungsmetropole und das Reichsheiligtum schöpfungstheologisch begründet. Den staatlichen Institutionen wird die Aufgabe zugewiesen, alle Formen des Chaos zu bekämpfen, um das Leben zu schützen und zu mehren. Jeder Angriff gegen die göttergesetzte Schöpfungsordnung wird geächtet.

Mesopotamische Überlieferungen zeigen: Königtum ist ein göttliches Strukturelement

Götter setzten Könige ein. Das Königtum (und damit der Staat) ist ein bzw. das göttliche Strukturelement in der Schöpfungsordnung. Mesopotamische Überlieferungen zeigen dies sehr gut. Nach ihnen kam das Königtum „am Anfang" vom Himmel auf die Erde herab. So überrascht es nicht, daß auf einer Keilschrifttafel aus Babylon ein Menschenschöpfungsmythos steht, in dem der König als der „eigentliche" von den Göttern bzw. der Muttergöttin geschaffene Mensch präsentiert wird. Während „die Menschen", d.h. das Volk, geschaffen sind, um die Fronarbeit der Götter zu übernehmen, ist der König der wahre Mensch, geradezu Gott ähnlich an Weisheit, Einsicht und Kampfeskraft. Daß dieser Schöpfungsmythos im Dienst der Politik steht, wird aus dem (rekonstruierten) Schluß des Textes deutlich erkennbar: „Wer mit dem König Lug und Trug redet, wenn es ein Vornehmer ist, wird mit der Waffe getötet werden; wenn es ein Reicher ist, wird er arm werden. Wer gegen den König in seinem Innern Böses plant, den wird Erra mit Seuche und Tötung heimsuchen. Wer gegen den König in seinem Innern Niederträchtiges spricht, dessen Fundament ist Sturm, sein Erwerb ist Wind".

Wenn die Bibel Israels im Pentateuch die Anfänge der Geschichte Israels mit der Weltschöpfung beginnt, steht sie dabei im lebendigen Gespräch mit diesen Traditionen der Umwelt Israels. Es ist ein Gespräch in Aufnahme und Abgrenzung. Besonders auffallend dabei ist: Weder der Tempel von Jerusalem noch das davidische Königtum werden in der mythischen Urzeit gestiftet.

Nur dienende Funktion des Schöpfungsglaubens?

Wenn jemand eine der zusammenfassenden Darstellungen der „Theologie des Alten Testaments" in die Hand nimmt, mag er überrascht sein: Anders als unsere Bibel und unser Glaubensbekenntnis beginnen diese Darstellungen nicht mit der Schöpfungstheologie. Zwar ist der biblische Schöpfungsglaube theologiegeschichtlich jünger als die Erzählungen über die Rettung und Indienstnahme Israels als Volk Gottes. Und es ist ebenso unbestreitbar, daß Israels Schöpfungstheologie erst im lebendigen und langen Gespräch mit den Schöpfungsmythen seiner Umwelt ihre unverwechselbare Gestalt und Eigenart erhalten hat. Dennoch ist, betrachtet man die Bibel in ihrer Endgestalt, die Unterscheidung von „primär" und „sekundär" problematisch und mißverständlich.

Israels lebendiges und langes Gespräch mit den Schöpfungsmythen seiner Umwelt

Daß in den 30er Jahren unseres Jahrhunderts bedeutende Alttestamentler wie *Gerhard von Rad* und *Walther Eichrodt* die Schöpfungstheologie dem „Heilsglauben" und der „Bundestheologie" so betont unterordneten, daß „der Schöpfungsglaube zu keiner Selbständigkeit und Aktualität kam" und nur „in Abhängigkeit von dem soteriologischen Gedankenkreis" (G.von Rad) gesehen werden durfte, hatte, wie wir heute wissen, einen theologisch-politischen Hintergrund: Es war ein klarer, biblischer Trennungsstrich gegen alle damaligen Versuche, den Nationalismus mit der Rede von der „Schöpfungsordnung" zu legitimieren. Gegen diese Art von politischem Mißbrauch der Schöpfungstheologie, deren Vorgeschichte bis in die Antike reicht, hat Israels Rede von der Schöpfung gerade Einspruch erhoben - durch die spannungsreiche Dialektik von Schöpfungsglaube und Erlösungsglaube, die wie zwei Seiten einer Medaille zusammengehören.

Das läßt sich mit beispielhafter Klarheit an der Prophetie des Deutero-Jesaja erkennen. Angesichts des babylonischen Exils erfährt das Volk Israel seine eigene Ohnmacht. Es steht in der Gefahr, an seinem Rettergott zu verzweifeln. In dieser Situation ruft der Prophet in Erinnerung, daß das Schicksal Israels doch eingebunden ist und bleibt in die Geschichte seines Gottes mit der ganzen Welt, deren Schöpfer er ist (Jes 40,12.21–22.27–29.31). Bei Deutero-Jesaja wird offenkundig: daß JAHWE sein Volk retten kann und will, gründet in der Zuwendung zur Welt als seiner Schöpfung. Nicht die nackte Tatsache, daß Gott die Welt geschaffen habe, ist die Botschaft der Bibel, sondern: daß er diese Welt aus Liebe gewollt hat und mit gnädiger Liebe begleitet.

Israels Schicksal

Das Symbol der Verschränkung von Schöpfungs- und Heilsglaube ist der (Regen-)Bogen, den der rettende Schöpfergott nach der Flut in die Wolken setzt (Jes 54,9f).

Der Gott, der die Erde und den Menschen geschaffen hat, schenkt der Erde und dem Menschen auch immer wieder das Heil. Der heile Anfang setzt sich fort im Anfang des Heiles, den Gott in der Geschichte immer wieder schenkt. JAHWE hat am Anfang einen Bund mit der Schöpfung geschlossen. Er wird bis zum Ende der Zeiten diesen Bund halten – selbst wenn sein Bundesvolk immer wieder den Bund „bricht".

Gesellschaftskritische Anstöße

Alle Menschen sind in gleicher Weise „königliche Bilder Gottes"

Die gesellschaftskritischen Anstöße der biblischen Schöpfungstheologie sind schon in der ersten (priesterschriftlichen) Schöpfungsgeschichte Gen 1,1–2,4a unüberhörbar. Sie weicht von jener babylonischen Tradition ab, in welcher der König als der „eigentliche", gottähnliche Mensch geschaffen wird, während die Masse der Menschen für den Frondienst zugunsten der Götter (und der gottähnlichen Könige) bestimmt sind. Kühn schiebt die biblische Schöpfungstheologie dieser Wesen- und Klassenunterschiede beiseite: Nach Gen 1,26–28 sind *alle* Menschen in gleicher Weise „königliche Bilder Gottes", *weil* alle in gleicher Weise von Gott geschaffen sind.

Gen 2 – antirassistisch und antisexistisch

Insofern alle Menschen Geschöpfe ein und desselben Schöpfergottes sind und sich ein und demselben Schöpferwillen verdanken, sind sie alle fundamental und von ihrem Wesen her gleich. Diese schöpfungstheologische Festschreibung der Gleichheit aller ist eine scharfe Absage an die Ideologie und die Praxis rassistischer und sexistischer Diskriminierung.

Wenn man Gen 2 aber antirassistisch und antisexistisch versteht, steht hinter diesem uralten Text eine faszinierende theologische und politische Idee: Weil *alle* Rassen und Völker nach dem Willen des Schöpfergottes von einem einzigen Elternpaar stammen, sind sie alle von gleicher geschwisterlicher Würde. Es ist ein Mißverständnis, wenn man aus Gen 2–3 herausliest, daß die Frau erst *nach* dem Mann geschaffen und ihm deshalb unter- und nachgeordnet sei. Unmißverständlich ergibt sich aus dem Zusammenhang von Gen 1,26–28 und Gen 2–3: *Mann und Frau haben nach dem Schöpferwillen in ihrer Unterschiedlichkeit die gleiche Menschenwürde und zunächst einmal und grundsätzlich die gleichen Menschenrechte.* Das war in der alten Welt eine patriarchatskritische Sicht der Frau, die damals kaum in einer anderen Kultur zu finden war.

Auch in der Zuweisung *nur* pflanzlicher Nahrung an die Menschen (Gen 1,29f) liegt ein gesellschaftskritischer Anstoß ersten Ranges.

Die Schlange

war schlauer
als alle Tiere des Feldes
und verlockte die Frau,
vom Baum des Lebens zu essen,
was Gott, der Herr verboten hatte.

nach Gen 2,16f; 3,1-5

Die Heiligung des Wochentages – ein gesellschaftskritischer Anstoß ersten Ranges

Schon hier soll angedeutet werden: Die Abweisung fleischlicher Nahrung ist ein Protest gegen den gewaltsamen, tödlichen Kampf um die besten Fleischstücke, der immer zu einer „Klassengesellschaft" führt und von denen, die oben sind, meist mit dem Hinweis auf ihre Pflichten und die daraus folgenden, schöpfungsgegebenen Privilegien verteidigt wird.

Im Zusammenhang mit der Forderung nach höherer industrieller Produktivität und längeren Maschinenlaufzeiten sind wir heute auch wieder sensibel geworden für die Sabbatheiligung von Gen 2,2f. Auch dieser Heiligung eines Wochentages (des siebten Schöpfungstages) durch die Ruhe des Schöpfergottes liegt ein gesellschaftskritischer Anstoß ersten Ranges zugrunde.

Kampf gegen die Auffassung, daß es immer Arme und Schwache gibt

Die Arbeitsruhe des Schöpfergottes ist das kritische Gegenbild zu einer Gesellschaft, in der es „Sklaven" gibt, die mit ihrer Sklaverei die „göttliche Ruhe" der Freien und der Reichen ermöglichen müssen. Die gesellschaftskritischen Anstöße der biblischen Schöpfungsberichte stehen im Ersten Testament nicht allein. Sie finden ihre Fortsetzung und Verstärkung an anderen Stellen der Heiligen Schrift. Wie sich die Rede von Gott als Schöpfer der Menschen in konkrete Gesellschaftskritik umsetzt, läßt sich in den biblischen Weisheitsüberlieferungen ablesen. Auch die Weisheitsüberlieferung geht von dem Grundansatz aus, daß die Welt das Werk eines guten Schöpfergottes ist. Deshalb fühlen sich die Theologen, von denen die Weisheitsüberlieferung gesammelt und in Form gebracht wurde, von allem, was dieser Weltsicht widerspricht, besonders herausgefordert. So kann sich die Weisheitstheologie nie und nimmer damit abfinden, daß Arme, Schwache und Gescheiterte von den Reichen, Mächtigen und Erfolgreichen verachtet, an den Rand geschoben und zerstört werden. Die Weisheitstradition kämpft gegen die Auffassung, daß es nach der Schöpfungsordnung in dieser Welt eben immer Arme und Schwache geben werde. Solche Auffassungen wurden vor Tausenden von Jahren vertreten wie sie heute vertreten werden. Der Sozialdarwinismus ist keine Erfindung des 19. Jahrhunderts. Gegen diese Brutalität der Reichen, gegen diesen Zynismus der Mächtigen und Gesunden protestiert die biblische Weisheitsüberlieferung ausdrücklich mit dem Hinweis auf den Schöpfergott.

Was hat das alles mit uns zu tun? An Sonntagen und Festen betet die Kirche in ihrer Liturgie das Glaubensbekenntnis. Das Credo „Wir glauben an Gott, den Vater, den Allmächtigen, den Schöpfer des Himmels und der Erde" verbindet uns mit dem Schöpfungsglauben des Ersten Testaments - und erinnert uns an die Gesellschaftskritik, die damit verbunden ist. Somit hat der Glaube, den die Kirche bekennt, seinen Ernstfall gerade in gesellschaftlichen Verhältnissen, die der *allen* Menschen vom Schöpfergott in ihrem Geschöpfsein zukommenden Menschenwürde widersprechen. Und ein anderer Bezug soll ebenfalls beachtet werden. Was die Neuzeit „Menschenrechte" nennt, gründet biblisch in der schöpfungstheologischen Konzeption der Menschenwürde.

Ohne die Begründung der Menschenwürde von Gott her gibt es keinen Maßstab mehr, von dem her wir sicher begründen können, daß alle Menschen gleich sind. Wir driften zu Auffassungen hin, die Unterschiede zwischen Menschen setzen, die Übermenschen von Untermenschen unterscheiden, Behinderte, Alte und Kranke von der Teilhabe an den Gütern dieser Welt ausschließen.

Die Begründung der Menschenwürde von Gott

Bilder und Bildgeschichten

Lesen wir die Schöpfungstexte der Bibel, müssen wir uns von liebgewordenen Denkgewohnheiten lösen. Die Schöpfungstexte der Bibel und ihrer Umwelt sind keine naturwissenschaftlichen Betrachtungen. Es sind narrative und poetische Bilder der Eindrücke, welche die Welt auf uns macht. Wer diese Texte verstehen will, muß sich deshalb auf ihre Bildsprache einlassen und neue Begriffe lernen. Gewiß haben es beide, das Weltbild der Antike und das Weltmodell der modernen Naturwissenschaft, mit der gleichen Realität zu tun. Doch schon im *Ansatzpunkt* unterscheidet sich die Weise ihrer Wahrnehmung.

Während die experimentelle Beobachtung und die objektive Berechnung die Basis des naturwissenschaftlichen Weltmodells sind, setzen die schöpfungstheologischen Weltbilder bei der sinnlichen, subjektiven Wahrnehmung von Welt an: beim Sehen, Hören, Fühlen, Betroffen-Sein. Nehmen wir als Beispiel den gewölbten blauen Himmel. Während der sinnlich wahrnehmende Mensch ihn als bergenden Schutz oder als Grenze zwischen dem Irdischen und dem Göttlichen erlebt und denkt, beschäftigt den Naturwissenschaftler eher die Frage, wie es zu einer solchen naturwissenschaftlich irrigen Wahrnehmung des gewölbten Firmamentes kommt. Im ersten Fall greift die Sprache zum poetischen Bild oder zur subjektiven Erzählung, um die im einzelnen sehr verschiedene Erfahrung des gewölbten und bergenden Himmels mitzuteilen. So wird z.B. auf ägyptischen Bildern der Himmel als eine Frau vorgestellt, die sich über die Erde wölbt. Im zweiten Fall der naturwissenschaftlichen Erklärung muß der Forscher möglichst allgemeingültig und formelhaft reden.

Die schöpfungstheologischen Weltbilder setzen beim Hören, Fühlen, Betroffen-Sein an

Gewiß ist das Beispiel recht einfach, aber es kann bewußt machen, wie unangemessen für die subjektiv-sinnliche Wahrnehmung Etikettierungen wie „primitiv", „unwirklich" oder „falsch" sind. Im Fall des gewölbten Himmels von einer Täuschung der Menschen zu sprechen, wäre allein deshalb töricht, weil es die menschliche Wahrnehmung wiedergibt, mit der wir alle in unserer Welt sind und diese erleben.

Die Bilder und die Bildsprache	Die Schöpfungsbilder der altorientalischen und biblischen Schöpfungserzählungen basieren auf solchen Wahrnehmungen. An sie knüpfen die Menschen der Antike an, um abzubilden oder zu erzählen, nicht nur was sie in der Welt sehen, sondern als was sie die Welt erleben oder erleben möchten. Die Bilder und die Bildsprache, mit denen die Menschen der alten Welt ihre schöpfungstheologische Weltdeutung geben, zeichnen sich durch drei Eigenschaften aus:
Metaphorische Bilder	(1) Es sind metaphorische Bilder und Texte, d.h. sie *vergleichen* nicht die Wirklichkeit mit einem Bild, sondern sie *benennen* bildhaft die wahrgenommene Wirklichkeit. Die Metapher sagt nicht: du bist für mich *wie* ein bergendes Haus, sondern: du bist für mich ein bergendes Haus; indem ich dich erfahre, erfahre ich ein bergendes Haus.
Bilder, die der Tiefe menschlichen In-der-Welt-Seins entspringen	(2) Es sind *anthropomorphe* Bilder und Texte, d.h. sie entspringen der Tiefe menschlichen In-der-Welt-Seins und haben daher ein großes Potential zu emotionaler menschlicher Aneignung, zu sozialer Vergewisserung und zu personaler Stellungnahme. (3) Es sind immer Bilder und Texte, die nur einen Teil und allein einen bestimmten Aspekt bezeichnen. Deshalb nennt man sie *partielle* und *aspektivische* Bilder und Texte. Sie wollen nicht der Logik der Widerspruchslosigkeit huldigen. Die Bedeutung der verwendeten Worte schwingt zwischen verschiedenen Polen. Ziel ist nicht eine distanzierte Objektivität, wie sie uns heute im Arbeits- und Wirtschaftsleben abverlangt wird, sondern die Benennung der Vielfalt und Lebendigkeit menschlicher Wahrnehmung.
Die Wirklichkeit in all ihren Aspekten	Die Schöpfungsbilder sind in eine semitische Sprache und Poesie gefaßt. Mit dieser teilen sie die synthetisch-stereometrische Technik, d.h. sie wollen die Wirklichkeit möglichst in all ihren Aspekten darstellen, indem sie diese aufzählend nebeneinandersetzen, und sie wählen gerne Bilder, die ein Geschehen und eine Bewegung angeben. Es sind nicht Bilder, die definieren wollen, sondern die Fähigkeit besitzen, Assoziationen freizusetzen. Allen guten und treffenden Bildern ist die Möglichkeit zu eigen, immer neu und anders geschaut, entdeckt und erlebt zu werden. Ihre Wahrheit ist nicht abstrakt. Sie werden im Menschen wahr, wenn er die eigene Wahrnehmung mit ihnen vergleicht.
Poetische Bildsprache	Von ihrem Ansatz her ist Schöpfungstheologie also immer poetische Theologie, selbst wenn sie scheinbar in satzhaften Definitionen redet. Auch die Aussage „Gott hat die Welt aus Nichts erschaffen" ist poetische Bildsprache, die nur *einen* Aspekt von Welt- *und* Gotteserfahrung benennt. Deshalb kommt es darauf an, sich hoffend und träumend der poetischen Weltsicht der biblischen Schöpfungsbilder zu öffnen und zu überlassen, nicht als Widerspruch, wohl aber als Kontrast zu den „kalten" Weltmodellen der Naturwissenschaft.

Als Adam und Eva vom Baum des Lebens gegessen hatten, erkannten sie, daß sie nackt waren. Und sie versteckten sich vor Gott, dem Herrn, unter den Bäumen des Gartens.

nach Gen 3,6-8

Gott, der Herr,

vertrieb den Menschen

und stellte

östlich des Gartens von Eden

die Kerubim auf

und das lodernde Flammenschwert,

damit sie den Weg

zum Baum des Lebens bewachten.

Gen 3,24

Vorwelt-Bilder

Es gibt zwei unterschiedliche Ansätze, die Welt als ein zusammenhängendes, lebendes Ganzes zu denken. Entweder schreibt man die vorantreibende Kraft dem Schöpfungsprozeß selbst zu oder man stellt sich vor, daß dieser von einer wie immer gedachten göttlichen Kraft angestoßen, am Leben erhalten und schließlich sogar vollendet wird. Religionsgeschichtlich gesprochen ist nur die zweite Vorstellung im engeren Sinn Schöpfungstheologie.

Weltentstehungs-überlieferungen

Betrachten wir zuerst die *Weltentstehungsüberlieferungen*, wie wir sie in Ägypten, Sumer und ostasiatischen Religionen vorfinden. Sie setzen damit ein, daß Götter oder Teile der Welt ohne den Einfluß persönlich gedachter Wesen einfach da sind oder „hervorkommen". Danach entfalten sie sich prozeßhaft zu der Welt, in der wir leben. Davon heben sich die *Weltschöpfungsüberlieferungen* durch das personale göttliche Element ab, das von Anfang an handelnd mit der Schöpfung verbunden ist. Seine wirkungsgeschichtlich bedeutsamste Ausprägung hat das *Weltschöpfungsdenken* in der jüdisch-christlich-islamischen Theologie erhalten.

Diese beiden Typen über den Anfang des Ganzen unterscheiden sich in vielem. Die *Weltentstehungsmythen* betonen die Einheit von Götterwelt und Kosmos. Sie suchen auch eine Antwort auf die Herkunft der Götter zu geben. Und sie denken die gewordene Welt entweder als „ewig" oder sie stellen sich vor, daß sie „einfach" wieder ins Nichts zurückfallen kann. Die *Weltschöpfungsüberlieferungen* hingegen betonen den Unterschied zwischen Götterwelt bzw. Gott und geschaffener Welt.

Weltschöpfungs-überlieferungen

Die Welt verdankt sich einer bewußten Entscheidung des Schöpfergottes. Dieser Schöpfergott ist als *von der Schöpfung* unterschiedener (transzendenter) Gott *in ihr* gegenwärtig (immanent. So ist „Schöpfung" nicht nur einmaliges, sondern andauerndes Geschehen, das sich „am und im Ende" der Welt vollenden wird.

Daß Gott die Welt „aus Nichts" geschaffen habe, ist keine ersttestamentliche Vorstellung; selbst die dafür oft herangezogenen späten Stellen 2 Makk 7,28 und Weish 11,17 können nicht so verstanden werden.

„Tod – Leben"

Was die Menschen der ersttestamentlichen Zeit im Zusammenhang von Schöpfung mehr beschäftigt hat als der Gegensatz „Nichts – Etwas", waren die Gegensätze „Chaos – Kosmos (Ordnung)" und „Tod – Leben". Nicht *daß* etwas geschaffen wurde, sondern *was* und *wozu* geschaffen wurde, hat sie bewegt. Um das zu verdeutlichen, haben sie nicht nur poetische Bilder der geschaffenen Welt entworfen, sondern auch Bilder von der „Welt-vor-der-Schöpfung", also gewissermaßen *„Vorwelt-Bilder"* und *„Gegenwelt-Bilder"*.

Die Vorweltschilderung geschieht in Ägypten, Mesopotamien und in Israel auf sprachlich gleiche Weise im sogenannten „Noch-nicht-Stil".

Mit Sätzen in der Form „als noch nicht war..." wird eine Vorwelt geschildert, die meist jene Elemente bündelt, die in der geschaffenen Welt als besonders wichtig und unabdingbar empfunden wurden. So lauten die ersten Sätze der vor-priesterschriftlichen Schöpfungsgeschichte: *„(Es war) an dem Tag, als JAHWE Elohim (Gott) Erde und Himmel machte: Als es auf der Erde noch keine Wildpflanzen gab und als es noch keine Kulturpflanzen gab... und als es noch keine Menschen gab, um den Erdboden zu bedienen..."* (Gen 2,4b–5).

Diese Vor-Welt-Bilder sind nicht nur ein erzählerisches Mittel, um den schöpferischen Akt Gottes von einem Vorher abzugrenzen, „das eigentlich nicht aussagbar ist und deshalb nur negativ beschrieben werden kann" (Claus Westermann). In ihnen drückt sich vor allem *das Staunen* über die geschaffene Welt aus, wie sie vom Einzelnen wahrgenommen und erlebt wird.

Das Staunen über die geschaffene Welt

Gegenwelt-Bilder

Neben der oben beschriebenen Weise, die „Welt-vor-der-Schöpfung" als negatives Kontrastbild zur wahrgenommenen oder erhofften Welt zu zeichnen, gibt es in Israels Umwelt und in Israel die Tradition, positiv von einem „chaotischen" Ur-Etwas zu reden, ohne das die Schöpfung nicht möglich gewesen wäre. Es ist eine Art Gegenwelt, gegen die oder aus der heraus die Welt entsteht oder geschaffen wird.

Eine Art Gegenwelt

Die meisten dieser Bilder der „Welt-vor-der-Schöpfung" sind „chaotische" Gegen-Bilder zu der als Kosmos (Ordnung) wahrgenommenen Welt. Schöpfung ist hier Umwandlung von Chaos in Kosmos – und zwar sowohl „am Anfang" wie „seit dem Anfang". Für beide schöpfungstheologischen Verwendungen chaotischer Gegenwelt-Bilder ist Gen 1 ein besonders schönes Beispiel. Daß die Weltschöpfung „am Anfang" aus dem Chaos heraus geschah, hält der auf die Überschrift Gen 1,1 folgende dreigliedrige Satz *Gen 1,2* fest: *„Und die Erde war Tohuwabohu, und Finsternis war über dem Urmeer, und Gottes Atem (schöpferische Lebenskraft) war in Bewegung über den Wassern".*

Vier Größen sind hier dem Schöpfergott vorgegeben, die er nicht erschafft, sondern erschaffend bearbeitet:

(1) die Tohuwabohu-Erde, das heißt die lebensfeindliche Welt;
(2) die Finsternis als bedrohliche Unheilsmächtigkeit;
(3) das Urmeer und
(4) „die Wasser" als die chaotischen Gestalten der zwei Urwasser.

Aus diesem „Chaos" als Gegenwelt gliedert der Schöpfergott dann in den ersten drei Schöpfungstagen „die Welt" aus.

Göttliche Energie und Kreativität

Für unser Verständnis ist die Rede vom Gottesatem, der über den Wassern in Bewegung war, rätselhaft. Als Aussage über Gottes schöpferische Lebenskraft „vor der Schöpfung" meint sie wohl die göttliche Energie und Kreativität, die sich dann im Schöpfungsakt verwirklichen. Von der Bedeutung des hebräischen Wortes her ist es die mütterlich-schöpferische Lebenskraft („Gottesgeist"), die der Schöpfergott seiner Schöpfung als Lebensprinzip einhaucht.

Die Lebensmächtigkeit des Schöpfergottes

Daß die in Gen 1,2 genannten vier Größen Tohuwabohu-Erde, Finsternis, Urmeer und Urwasser nicht nur erzählerisch notwendige Elemente sind, um den zeitlichen Anfang der Schöpfung aussagen zu können, sondern daß sie der chaotische Urstoff sind, aus dem heraus JAHWE schafft, zeigt sich in den entsprechenden Vorstellungen der Umwelt. Das Chaos als Gegenwelt ist nicht nur „am Anfang" da, sondern umgibt und bedroht die Welt auch „seit ihrem Anfang", wie die Sintfluterzählung festhält: An den Gegenwelt-Bildern macht die Bibel die Lebensmächtigkeit des Schöpfergottes bewußt. Daß die Welt, allen Störungen und Gefährdungen zum Trotz, lebt – und immer noch ein Lebenshaus ist – verdankt sie dem die Schöpfung „seit dem Anfang" erneuernden Gottesgeist, der lebendig ist und Leben schafft.

Bilder vom Schöpferhandeln Gottes

Die Verbundenheit zwischen dem Künstler und seinem Werk

Die Bilder vom Schöpfergott als Handwerker und Künstler sind die am häufigsten belegte biblische Schöpfungsvorstellung. Sie fehlt auch in der Umwelt der Bibel nicht, aber sie ist dort nicht derart dominant. Die Bilder von JAHWE als „Schöpfer Himmels und der Erden" (Ps 115,15; 121,2; 124,8; 134,3; 146,6) erwachsen aus der Wahrnehmung der Welt als einem kunstvoll geordneten, schönen und insgesamt unerschütterlichen Ganzen. Sie deuten die Welt als Werk eines planenden, kompetenten und liebevollen Handelns, ja als Werk, das der Handwerker so gemacht hat, daß es seine Funktion gut erfüllt, oder aber als Werk, in dem der Künstler sich selbst mitgeteilt hat. Wenn diese Bilder nicht nur für die Menschenschöpfung „am Anfang" gebraucht werden, sondern auch für die einzelnen Menschen Jahrtausende „nach der Schöpfung", wirkt dieser Aspekt der Verbundenheit zwischen dem Künstler und seinem Werk besonders nach.

Die verwendeten Bilder entstammen beinahe allen Bereichen handwerklichen und künstlerischen Tuns. Der Schöpfergott schafft die Welt und die Menschen.

Adam erkannte Eva, seine Frau;
sie wurde schwanger und gebar Kain. Da sagte sie: Ich habe einen Mann vom Herrn erworben.

Gen 4,1

Eva gebar ein zweites Mal,
nämlich Abel, Kains Bruder. Abel wurde Schafhirt.

nach Gen 4,2

Kain
aber wurde Ackerbauer.

nach Gen 4,2b

Kain

brachte dem Herrn

ein Opfer von den Früchten des Feldes dar,

aber Gott schaute nicht auf sein Opfer.

nach Gen 4,3-5a

Das Opfer Abels gefiel Gott.

Da überlief es Kain ganz heiß, und sein Blick senkte sich.

Und Gott sprach zu Kain:

Auf dich lauert an der Tür die Sünde als Dämon.

Auf dich hat er es abgesehen, doch du werde Herr über ihn!

nach Gen 4,4-7

Da sagte Kain zu seinem Bruder Abel: Gehen wir aufs Feld! Als sie auf dem Feld waren, griff Kain seinen Bruder Abel an und erschlug ihn.

Gen 4,8

Dabei geht er vor als Architekt und Baumeister, als Maurer und Zimmermann, Schmied und Metallgießer, Weber und Kleidermacher, Gärtner und Ackerbauer, Töpfer, Statuenschnitzer und Bildhauer.

Nicht weniger liebe- und lustvoll sieht die biblische Überlieferung den Schöpfergott am Werk, wenn er die einzelnen Menschen schafft. In Gen 2 erleben wir, wie JAHWE die Menschenfigur aus Lehm formt und ihr dann durch Anhauchen Anteil gibt an seinem Atem. Und wenn die Menschen in Gen 1,26–28 als „Bilder Gottes" geschaffen sind, steht die Vorstellung vom Bildhauer im Hintergrund, der eine Götterstatue schafft – das Kostbarste, was die altorientalische Kunst hervorbrachte.

Das Kostbarste

Diese poetischen Bilder wollen im einzelnen möglichst plastisch geschaut werden, weil sie die Zuwendung des Schöpfergottes zu seinem Werk ausdrücken sollen. Als der „Macher" ist der Schöpfergott der Künstler, der in sein Werk verliebt und ihm deshalb weiterhin zugetan bleibt.

Insofern das „Machen" freilich ein Tun *Gottes* ist, eignet ihm nach der Sprache der Bibel eine Qualität, die den Vergleich mit dem menschlichen Handwerker und Künstler weit übersteigt. Als göttliches „Machen" ist es ein „Lebendig-Machen". Die Hebräische Bibel gebraucht gleich im ersten Satz der Bibel das große Deutewort „schaffen" für alles Weitere. Dieses Wort wird nur von Gott, ja nur vom Gott Israels (und nicht von anderen Göttern) gebraucht. Etwas Zweifaches wird damit über das Schöpferhandeln Gottes ausgesagt: Es betont, daß das, was „geschaffen" ist, etwas Außergewöhnliches ist, etwas Neues, das es bislang nicht gab, etwas, das Staunen hervorruft. Und es hält fest, daß das, was „geschaffen" ist, lebendig ist und dem Leben dient. Weil die Welt und die Menschen von *diesem* Schöpfergott geschaffen sind, kommt die Schöpfungserzählung Gen 1 zu dem Fazit: *„Und Elohim sah alles, was er gemacht hatte: es war sehr gut"* (Gen 1,31).

Das, was „geschaffen" ist, ist etwas Außergewöhnliches

Da sprach der Herr zu Kain: Wo ist dein Bruder Abel? Er entgegnete: Ich weiß es nicht. Bin ich der Hüter meines Bruders?

Gen 4,9

Schöpfung durch das Wort

Daß Gott durch sein Wort die Welt geschaffen hat, ist uns vor allem aus dem Prolog des Johannesevangeliums vertraut: *„Im Anfang war das Wort und das Wort war bei Gott und das Wort war Gott. Im Anfang war es bei Gott. Alles ist durch das Wort geworden und ohne das Wort wurde nichts, was geworden ist. In ihm war das Leben und das Leben war das Licht der Menschen. Und das Licht leuchtet in der Finsternis..."* (Joh 1,1–5). Der Rückgriff auf die Schöpfungserzählung Gen 1 ist hier unüberhörbar: Schöpfung als Erstrahlen des Lichtes inmitten der Finsternis und gegen diese, Schöpfung als Anteilgabe am Leben Gottes selbst, Schöpfung durch das Wort (griechisch: durch den Logos), das „im Anfang" bei Gott war, und zwar als sich aussprechendes Wort Gottes selbst.

Was mit der Vorstellung vom „schöpferischen" Gotteswort gemeint ist, läßt sich gut an ersttestamentlichen Texten ablesen. „Fragen wir..., auf welcher Grundlage die Idee einer Schöpfung durch das Wort beruhte, so läßt sich zweierlei sagen: *Einmal* waltete hier die alte... Vorstellung von der Identität zwischen Wort und Sache; daher konnte der Mund, der ‚den Namen aller Dinge nannte', eben in diesem Vorgang die Dinge selbst schaffen; umgekehrt existieren die Dinge nicht, wenn sie nicht benannt sind, und darum kennzeichnet eine Situation den Urzustand, ‚als der Name irgendeines Dinges noch nicht genannt war'. *Zum anderen* müssen wir uns die Geltung eines Befehls gegenwärtig halten, dem für das Bewußtsein der Bürger eines gottköniglich regierten Reichs selbstverständlich und zwangsläufig die Ausführung folgte" (S.Morenz).

Der Urzustand, ‚als der Name irgendeines Dinges noch nicht genannt war'

Das Bild vom Schöpfergott, der nicht mehr Hand anlegen und sich an seinem Werk „abarbeiten" muß, sondern dessen einfaches Wort wie das Wort eines Königs die Macht hat, zu bewirken, was er will, betont die Souveränität, ja Allmacht dieses Schöpfers.

Klassischer Text für die Wortschöpfungstheologie ist die erste biblische Schöpfungserzählung Gen 1,1–2,4a. In ihr kommt das schöpferische Wort in zweifacher Weise vor. *Zunächst* als reine Wortschöpfung beim ersten Schöpfungswerk „Licht": *„Und Gott sprach: Es werde Licht. Und es wurde Licht"* (Gen 1,3; vgl. Joh 1,4f). Mit diesem schöpferischen Sprechen geht der in Gen 1,2 noch in quasi-chaotischem Zustand befindliche Gottesatem in Aktion über und schafft „das Licht" als das Grundprinzip des Lebens. *Sodann* wird die Wortschöpfungstheologie in der in Gen 1 vielfach wiederholten „Entsprechungsformel" wirksam, die bei den einzelnen Schöpfungswerken zwischen dem „Worthandeln" und dem „Tathandeln" steht: *„Und Gott sprach: Es sei... Und dementsprechend geschah es: Und Gott machte..."*.

„Das Licht" als das Grundprinzip des Lebens

Weil alles, was geschaffen ist, *gemäß dem Wort* des guten Schöpfergottes geworden ist, ist die Schöpfung insgesamt „sehr gut" (Gen 1,31).

Gott, der Herr,

vertrieb Kain wegen seiner Sünde von seinem Ackerland und machte ihm ein Zeichen, damit ihn keiner erschlage, der ihn finde. Daraufhin ging Kain vom Herrn weg.

nach Gen 4,10-16

Und diesem Gut-Sein bleibt die Schöpfung, allen Störungen zum Trotz, grundsätzlich verpflichtet. Schöpfung durch das Wort meint letztlich: Die Welt lebt dadurch, daß sich ihr das Angesicht ihres Königs liebevoll zuwendet, daß Gott in seinem Schöpferwort mit ihr redet – wie der Liebende mit der Geliebten: *„Du liebst alles, was ist,... du Liebhaber des Lebens. In allem (und über allem) ist dein unvergänglicher Geisteshauch"* (Weish 11,24–12,1).

Die Erschaffung der Welt

Die Welt als Ort konkret erfahrbarer Gottesnähe

In der endgültigen Fassung ist Gen 1–9 als spannungsreiche Urgeschichte über „den Anfang" der Welt und der Menschheit zu lesen. Mit Gen 10,1 setzt die eigentliche „Geschichte" auf der Erde ein. Sie wird israelzentriert erzählt. An Israels Geschichte inmitten der Völkerwelt wird erzählt, wozu Gott die Welt und die Menschen geschaffen hat: um mit ihnen Gemeinschaft zu haben. Und an Israels Geschichte soll vor allem aufscheinen, worauf die von Gott geschaffene Welt hin angelegt ist: Sie soll zum Ort konkret erfahrbarer Gottesnähe und des friedvollen, lebensförderlichen Zusammenlebens werden. Kurz: Als Schöpfung soll die Erde Gotteshaus und Lebenshaus für alle werden. Die Urgeschichte Gen 1–9 reflektiert gewissermaßen über die Voraussetzungen, die der Erde und der Menschheit im Hinblick auf ihr Schöpfungsziel innewohnen – von Gott her und von den Menschen her. Es ist eine mehrteilige Komposition, in der sich die widersprüchlichen Erfahrungen mit der Welt und mit dem Mensch-Sein, die Ängste und die Hoffnungen, niedergeschlagen haben.

Gottes Lebenszusage

Die beiden äußeren Teile der Komposition, die Erzählung über die Erschaffung der Welt (Gen 1,1-2,4a) und die Erzählung über die Bewahrung der Welt und der Menschheit vor der vernichtenden Flutkatastrophe (Gen 6,1-9,29), sind die Eckpfeiler dieser fünfteiligen Komposition. Sie sind zwei gigantische Weltbilder, die die Welt als ein großes, von Gott konstruiertes Haus inmitten des Chaos zeichnen, von diesem bedroht, aber von Gottes Lebenszusage gestützt und geschützt. Gen 1,1-2,4 entwirft das Bild von der Welt, wie sie von Gott her ist und sein sollte. Gen 6,1-9,29 erzählt, wie die Welt wirklich ist - bedroht von der Gewalttätigkeit ihrer Lebewesen, insbesondere der Menschen, aber gleichwohl unter der (im „Bogen in den Wolken" symbolisierten) Herrschaft Gottes stehend, der den Menschen feierlich zusagt, daß er sie in ihrer Schwäche und Sündhaftigkeit ertragen will. Mehr noch: Daß er *mit ihnen* zusammen die in Gen 1,1-2,4a entworfene Utopie der Erde als Lebenshaus und Gotteshaus verwirklichen will.

Zwischen die rahmenden „Weltbilder" Gen 1 und Gen 6–9 sind die drei Erzählungen Gen 2,4b-3,24; 4,1-26; 5,1-32 gestellt, die verschiedene Aspekte des Mensch-Seins sichtbar machen. Es sind Erzählungen über die Menschen „von der Schöpfung bis zur Flut": von Adam bis Noach insgesamt 10 (!) Geschlechterfolgen. Die drei Erzählungen greifen Einzelaspekte des großen Schöpfungsgeschehens heraus, um deutlich zu machen: so sind die Menschen in der Schöpfung Gottes. Sie sind als Männer und Frauen gewollt, die in lebensfördernder Gemeinsamkeit ihr Mensch-Sein finden sollen (Gen 2). Sie sind Geschwister mit unterschiedlichen Begabungen und Berufen, was sie einerseits als Bereicherung und andererseits als Rivalität erleben (Gen 4). Sie leben in einer Generationenkette, darin wesentlich gleich, daß ihr Leben bestimmt ist von der unaufhaltsamen Dramatik Geborenwerden - Sterben (Gen 5). Die Würde des Menschen wird von den biblischen Erzählern am Anfang von Gen 5 betont noch einmal aus Gen 1,26-28 wiederholt (vgl. Gen 5,1-2), um einzuschärfen: An dieser Bestimmung der Menschen hält Gott fest, auch nach den Negativerfahrungen mit den Menschen, die sich ihm widersetzen (Gen 3), die sich gegenseitig umbringen (Gen 4,1-16) und voller Gewaltbesessenheit sind (Gen 4,23-24; 6,5-7.11-12).

Die fünfteilige Komposition Gen 1–9 ist das Ergebnis der Zusammenarbeit zweier ursprünglich eigenständiger Erzählungen. Die Kombination der beiden Erzählungen zu *einer* zusammenhängenden Urgeschichte dürfte in der Mitte des 5. Jh. erfolgt sein.

Aspekte des großen Schöpfungsgeschehens

Der Kosmos als Haus

Die große Ouvertüre der Bibel

Die Erzählung von der Erschaffung der Welt in sieben Tagen (Gen 1,1–2,4a) ist die große Ouvertüre der Bibel. Und das Finale der christlichen Bibel, die Johannesapokalypse, greift in Offb 21–22 gezielt darauf zurück, um die Vollendung der Geschichte Gottes mit „seiner" Welt zu malen. „Anfang" und „Ende" entsprechen sich, weil der in Gen 1 erzählte Anfang, wie wir schon mehrfach gesagt haben, den Ursprung als Ziel der Schöpfung bedeutet. Was also ist die Vision, die vom Anfang her der Welt als Sinn ihres Geschaffen-Seins eingestiftet ist?

Eine Antwort auf diese Frage ergibt sich, wenn wir den Aufbau der Erzählung beachten. Der biblische Erzähler gliedert seine Erzählung als Abfolge von sieben Schöpfungstagen, die nicht einfach wie sieben gleiche Perlen auf eine Schnur gereiht sind. Wie ein Rahmen legen sich die Abschnitte am Anfang (der erste Tag), in der Mitte (der vierte Tag) und am Ende (der siebte Tag) über die Erzählung. Diese drei Schöpfungstage kreisen, abweichend von den übrigen Schöpfungstagen, um das Thema Zeit als grundlegende Ordnungskategorie von Leben. Der *erste* Schöpfungstag bringt mit der Erschaffung des Lichts die Ordnung von Tag und Nacht hervor, die als solche auch das Schöpferhandeln Gottes erst als geordnetes Schöpferhandeln ermöglicht. Der *vierte* Schöpfungstag gibt durch die Erschaffung von Sonne, Mond und Sternen die Möglichkeit, die wie ein Strom dahinfließende Zeit nach Zeitabschnitten zu strukturieren. Der *siebte* Schöpfungstag schließlich bringt durch das Ruhen des Schöpfergottes eine weitere Zeitkategorie hervor, nämlich die wichtige Unterscheidung von Zeit der Arbeit und Zeit der Ruhe, wobei erst die Ruhe die Schöpfung vollendet.

Das Thema Zeit

Der gedeckte Tisch

Zwischen diese Rahmenstruktur sind paarweise die Schöpfungstage zwei und drei sowie fünf und sechs geschoben. Diese Paare sind kunstvoll aufeinander bezogen. Das erste Paar, also die *Schöpfungstage 2 und 3*, erzählt, wie der Schöpfergott die vom Meer umspülte Erde als Lebensraum errichtet, in den er dann an den *Schöpfungstagen 5 und 6* die entsprechenden Lebewesen setzt. Wie sehr dem Erzähler an der Sicht der Erde als Lebenshaus für alle Lebendigen liegt, geht einem auf, wenn man sich das Ganze als kontinuierliches Geschehen vorstellt. Aus dem Urwasser grenzt der Schöpfergott ein für allemal eine trockengelegte Erde aus, die sogleich ihr Pflanzenkleid hervorbringt: „So hat Gott allen Lebenden den Tisch bereitet" – das ist die Perspektive, die dem zweiten und dritten Schöpfungstag gemeinsam ist. Den Erzähler interessiert nicht, daß es auf der Erde Berge und Täler gibt, sondern daß sie der gedeckte Tisch für Lebewesen ist, ein Tisch, den die Erde immer zu decken in der Lage sein soll. Die Pflanzen und Bäume gelten hier nicht als Lebewesen *auf* der Erde, sondern sie sind Teil der Erde selbst, die wesentlich lebendige und lebenermöglichende Erde ist. An den Schöpfungstagen 5 und 6 wird diese Erde der Reihe nach und aufgeteilt (!) den verschiedenen Lebewesen übergeben. Am 5. Schöpfungstag übergibt der Schöpfergott den Wasser- und Flugtieren den Raum *rund um* die Erdscheibe und *über* ihr. Am 6. Schöpfungstag übergibt er den Landtieren und den Menschen die Pflanzen tragende Erde. Der Erzähler wird nicht müde, das Thema „Leben" zu betonen: viermal sagt er ausdrücklich, daß der Schöpfergott „lebendige Wesen" auf der Erde will, also lebenshungrige und lebensfähige Wesen, die sich danach ausstrecken, Leben zu empfangen als eine Gabe, die sie sich nicht selbst geben können, die sie aber in der Schöpfung vorfinden. Darüber hinaus ruft der Schöpfergott über die Lebewesen seinen Segen aus, d.h. ihnen wird die Fähigkeit geschenkt, als Lebendige ihr Leben weiterzugeben in der Kette der Generationen (vgl. auch Gen 5).

Das Thema „Leben"

Und: Der Architekt und Baumeister des Schöpfungshauses verabschiedet sich nach der Fertigstellung nicht von seinem Haus, sondern *auch er* will in ihm „wohnen" – zusammen mit den Lebewesen, für die er dieses Haus geschaffen hat.

Die Gen 1 zugrundeliegende Hausmetaphorik wird nämlich erzählerisch wieder aufgenommen in der Sinai-Erzählung vom Bau des Zeltheiligtums (vgl. Ex 24,16-18). Kosmos und Tempel sind zwei eng miteinander verbundene Orte der Allpräsenz des Schöpfergottes. Das Heiligtum ist der „heilige" Ort seiner Gegenwart im Kosmos. Das am Heiligtum versammelte und feiernde Volk, das die Früchte der Arbeit dem Schöpfergott darbringt und in festlicher Gemeinschaft miteinander genießt, ist die Gestaltwerdung jener Hausgemeinschaft, auf die hin die Erde als Lebenshaus geschaffen ist.

Die Menschen – Gottesbilder im Haus der Welt

Die Beziehung des Menschen zu den anderen Lebewesen und zur Erde

Der Mensch „ist im ‚Haus der Welt' das einzige Wesen, das Verantwortung übernehmen kann" (A. Auer). Die Erzähler von Gen 1 fassen dies mit ihrer Aussage von der Gottebenbildlichkeit des Menschen zusammen. Entgegen den früheren Deutungen, die hier eine Wesensaussage über den Menschen, insbesondere über seine *Beziehung zu Gott,* sahen, gibt es heute einen weitgehenden Konsens darüber, daß hier eine Funktionsaussage vorliegt: es soll die *Beziehung des Menschen zu den anderen Lebewesen und zur Erde insgesamt* ausgedrückt werden.

Die Metapher „Gottesbild"

Den Menschen wird ein bestimmter Auftrag in der Welt zugewiesen. Worin dieser Auftrag besteht, wird in Gen 1,26–30 in mehreren Metaphern entfaltet. Zunächst geht es um das Verständnis der Metapher „Gottesbild". Was mit ihr gemeint ist, läßt sich in drei Überlegungen bündeln:

(1) Von der Bedeutung des hebräischen Wortes her, das für „Bild" steht, sollen die Menschen wie eine Art lebendiges Götterbild oder lebendige Götterstatue in der Welt wirken. Das Götterbild ist nach altorientalischen Vorstellungen wie ein Leib, in den die lebendige Gottheit eintritt, um durch das Bild in der Welt wirkmächtig gegenwärtig zu sein. Von diesem Verstehensansatz her sollen die Menschen als lebendige Bilder und Statuen des Schöpfergottes Vermittler göttlicher Lebenskraft auf der Erde sein.

(2) In Ägypten und Mesopotamien werden die Pflichten des königlichen Amtes oft mit dem Begriff vom König als Abbild des Schöpfergottes umschrieben. Vorzüglichste Aufgabe des so verstandenen königlichen Amtes ist es, die Lebensordnung gegen äußere und innere Feinde zu schützen sowie gerade den Schwachen zu ihrem Recht zu verhelfen. Während in der ägyptischen Tradition *der König* auf Grund seines königlichen Amtes „Bild Gottes" ist, kommt in der biblischen Schöpfungserzählung diese Würde und diese Aufgabe *allen* Menschen unterschiedslos zu.

(3) Einen weiteren Schlüssel für die in Gen 1 proklamierte Gottebenbildlichkeit liefert der nähere literarische Zusammenhang, wenn es in Gen 5,1 heißt, daß Adam seinen Sohn Set als seine eigene Ähnlichkeit und wie sein Bild zeugt. Damit wird die Beziehung Vater-Sohn als eine Beziehung gekennzeichnet, in der ein Sohn durch sein Aussehen, sein Denken und Han-

deln zur Wiederholung seines Vaters wird. Die Aussage „Bild Gottes" charakterisiert demnach die Abhängigkeit der Menschen von Gott als eine Art Gottesverwandtschaft, die sie verpflichtet, wie gute Töchter und Söhne Gottes *zu handeln*, nämlich die Erde zu schützen und zu pflegen.

Herrschaft über alle Geschöpfe?

„Den Menschen hast du nach deinem Bild geschaffen und ihm die Sorge für die ganze Welt anvertraut. Über alle Geschöpfe sollte er herrschen und allein dir, seinem Schöpfer, dienen". So beten wir seit der Liturgiereform im 4. Hochgebet des *Missale Romanum* von 1970, dem einzigen Hochgebet, das einen (nicht unproblematischen) Abriß der im Ersten Testament bezeugten Geschichte Gottes mit Israel und der Menschheit enthält.

Dieser schöpfungstheologische Einstieg atmet die, mit der das *Zweite Vatikanum* 1965 in der Pastoralkonstitution über die Kirche in der Welt von heute („Gaudium et Spes") den sog. Kulturauftrag der Menschen proklamiert hatte: „Wenn nämlich der Mensch mit seiner Handarbeit oder mit Hilfe der Technik die Erde bebaut, damit sie Frucht bringe und eine würdige Wohnstätte für die gesamte menschliche Familie werde, und bewußt seinen Anteil nimmt an der Gestaltung des Lebens der gesellschaftlichen Gruppen, dann führt er den schon am Anfang der Zeiten kundgemachten Auftrag Gottes aus, sich die Erde untertan zu machen (vgl. Gen 1,28) und die Schöpfung zu vollenden..." (Art. 57).

Begeisterung

Ein Jahr nach „Gaudium et Spes" erschien im Jahr 1966 in den USA ein Artikel des Historikers *Lynn White*, der die biblische Legitimation der modernen Technik und Ökonomie massiv anklagte: Die Zerstörung der Natur, ja die ökologische Krise der westlichen Welt sei eine Folge gerade des nun so gefeierten Herrschafts- und Schöpfungsauftrags Gen 1,26-28. Whites Thesen wurden schnell aufgegriffen - mit Zustimmung *und* mit Widerspruch.

Die Zerstörung der Natur, die ökologische Krise

Der Widerspruch, der sich von Seiten jüdischer und christlicher Bibelwissenschaftler und Historiker erhob, galt nicht der Feststellung einer ökologischen Krise – und auch nicht dem Vorwurf naiver Fortschrittsgläubigkeit des „neuen" christlichen Umgangs mit Gen 1,26–28. Er richtete sich gegen die unbewiesene und unbeweisbare Behauptung, daß die biblische Schöpfungstheologie die abendländische Naturwissenschafts- und Technikentwicklung direkt verursacht habe. Man konnte nachweisen: Die Freiheit des Menschen zu einem „herrschaftlichen" Umgang mit der Natur und die Vorstellung der Veränderung bzw. Vervollkommnung der Schöpfung ohne Mitwirkung Gottes setzten gerade die „Befreiung" von der jüdisch-christlichen Schöpfungstheologie voraus. Gen 1,26–28 *ist* ein gottgegebener Auftrag zur Gestaltung der Welt – aber nicht zur schrankenlosen Herrschaft „über alle Geschöpfe" und schon gar nicht zum zerstörerischen Krieg gegen die Erde.

Wie immer man den 1966 erschienenen Artikel von L.White vom Standpunkt der historischen Forschung aus beurteilen mag, eines ist klar: Er hat den bibelwissenschaftlichen Umgang mit Gen 1,26–28 verändert. So emphatisch wie bis dahin kann man heute, wie die Exegese der letzten fünfzehn Jahre belegt, nicht mehr vom biblischen „Herrschafts- und Schöpfungsauftrag der Menschen" reden.

Die Menschen als Verteidiger der Erde

Weder eine Unterwerfung der Erde noch ein Niedertrampeln der Schöpfung

„Und Gott segnete sie, und Gott redete sie an: Seid fruchtbar und werdet zahlreich und füllt die Erde aus und setzt euren Fuß auf sie..." (Gen 1,28). Daß hier weder eine Unterwerfung der Erde unter die Menschen noch gar ein Niedertrampeln der Tiere (und der Pflanzen) gemeint ist, und daß der Schöpfergott schon gar nicht seinen Segen zur Zerstörung und Ausplünderung unseres Planeten gibt, läßt sich durch drei kurze Überlegungen klären.

Ein vielschichtiges Bedeutungsfeld

(1) Das von M. Luther mit „untertan machen" und von der Einheitsübersetzung mit „unterwerfen" übersetzte hebräische Wort meint „seinen Fuß setzen auf". Dieser Gestus hat nach Ausweis der altorientalischen Bildtradition und der Verwendung des Wortes und der mit ihm verwandten Wörter im Ersten Testament ein vielschichtiges Bedeutungsfeld. Es gibt Bilder, auf denen der siegreiche Pharao (z.B. Siegesstele des Naramsin) oder mesopotamische König (z.B. Relief des Königs Anubanini) auf seinen Feinden steht und sie triumphierend niederhält. Andere Darstellungen zeigen den Pharao auf seinem Königsthron, wie er seine Füße auf einen Fußschemel setzt, auf dem symbolisch die Völker dargestellt sind, die zu seinem Herrschaftsgebiet gehören. Es gibt Bilder und Statuen, vor allem aus der Kultur des Perserreiches, in denen die universale Friedensherrschaft des Perserkönigs programmatisch dadurch zum Ausdruck kommen soll, daß er buchstäblich auf menschlichen Gestalten steht, die die von ihm regierten Völker symbolisieren (z.B. die 1972 gefundene Statue des Darius I.). Auf Siegelbildern ist ein Gott oder ein Held zu sehen, der seinen Fuß auf ein friedlich vor ihm lagerndes Tier setzt, während er mit der Hand oder mit der Keule einen anstürmenden Löwen abwehrt.

Wieder andere Siegelbilder zeigen einen königlichen Gott, der auf Raubtieren steht und sie so bändigt – und daneben wächst der Lebensbaum, das heißt: der Gott bändigt das Chaos und fördert so den Kosmos. Aus mehreren Texten des Ersten Testaments wissen wir darüber hinaus vom Gestus der Inbesitznahme eines Grundstücks, indem man es betritt. Und wir kennen bis heute die Bedeutsamkeit des Betretens eines neuen Hauses. Diese Aspekte sind in Gen 1,28 mitgemeint: Die Menschen werden von Gott ermächtigt, „das Haus" zu betreten, es in Besitz zu nehmen, es zu schützen und zu verteidigen: als Haus des Lebens gegenüber allen Mächten des Chaos – und zwar zum Wohl *aller* Lebewesen, für die die Erde als Lebensraum bestimmt ist.

Zum Wohl aller Lebewesen

(2) Das Motiv von der Verteidigung der Erde als Lebensraum fügt sich stimmig in die Gen 1,26–28 prägende ägyptische und altorientalische Königsvorstellung. Zu den Amtspflichten des ägyptischen Königs gehört es, sehr vereinfachend gesagt, das vom Schöpfergott bereitgestellte Kulturland gegenüber der Wüste zu verteidigen bzw. sogar zu erweitern. Der Ägyptologe Hellmut Brunner beschreibt diese Amtspflicht des Königs, insofern er Vertreter des Schöpfergottes bzw. „Mitschöpfer" ist, so: „Dem König als dem Sohn Gottes obliegt... die ‚Erweiterung der Grenzen'... Dabei kommen nur einem Europäer des 20.Jh. Worte wie ‚Imperialismus' oder gar ‚Kolonialismus' in den Sinn. Aber in Ägypten, das bei der Schöpfung von Gott aus dem Chaos ausgegrenzt und mit dem fruchtbaren Nil versehen, den Menschen zuliebe ‚geschaffen' wurde, ist jede Tat, die dem Chaos ein weiteres Stück abringt und der Ordnung zuschlägt, eine Fortsetzung der Schöpfung. Der Kampf richtet sich ebenso gegen die Wüstentiere, vor allem Löwe und Wildstier, deren Jagd dem König vorbehalten bleibt, wie gegen die ‚wilden' Völker um Ägypten. Die berühmte Truhe des Tut-Anch-Amun zeigt auf den beiden Deckelbildern den König bei der Jagd auf Löwen und anderes Wüstenwild, auf den beiden Seiten den Kampf gegen Nubier und Asiaten. Die Bilder sind ähnlich, der Aufbau gleich: In der Mitte Pharao auf seinem Kampfwagen, die Szene schon durch seine Größe beherrschend, hinter ihm wohlgeordnet, in kleinerem Maßstab, sein Gefolge, vor ihm in wildem Durcheinander die Tiere bzw. die Feinde - schon dieser gleiche Aufbau lehrt, daß hier parallele Handlungen vorliegen, eben ein ‚Ritual' im weiteren Sinne des Wortes, wenn auch nicht mit festgelegten Handgriffen und zugehörigen Sprüchen. Das ‚Erweitern der Grenzen', die Ausdehnung des Bereiches der geschaffenen Welt gegenüber der (vereinfachend gesagt) ‚Wüste' gehört zu den Rechten und Pflichten des Königs, der die Bezeichnung ‚Herr all dessen, was die Sonnen umkreist' führt. Um genau diesen königlichen Auftrag geht es bei dem Imperativ „füllt die Erde aus und verteidigt sie gegenüber dem Chaos" - mit dem einen wichtigen Unterschied gegenüber der ägyptischen Tradition, daß nach dem biblischen Mythos dies nicht ein Privileg des Königs, sondern eine allen Menschen mit ihrem Mensch-Sein gegebene Aufgabe ist.

Ein Ritual

Die Erde als Lebenshaus bedroht und zerstört

3) Ein biblisches Beispiel der Ausübung des königlichen Auftrags, die Erde als Lebensraum zu verteidigen, bietet das Buch Josua, wobei dieses Beispiel natürlich unter den historischen und ökologischen Bedingungen des ersten vorchristlichen Jahrtausends zu sehen ist und keinerlei Handlungsanweisung für uns Heutige darstellt. Weil nicht genügend Ackerland und damit Lebensraum für die nach Kanaan eindringenden Israeliten da ist, gibt Josua den Auftrag, die Wälder im Bergland zu roden (Jos 17,17f). Auf diesen Vorgang (aber auch auf den in Jos 13-17 erzählten Vorgang der Landverteilung) spielt dann die zusammenfassende Notiz Jos 18,1 an: „Und es versammelte sich die ganze Gemeinde der Israeliten in Schilo. Dort errichteten sie das Zelt der Begegnung. Das Land aber *lag* ihnen *zu Füßen*". Auch hier bezeichnet das hebräische Wort den Vorgang, durch den ein Stück Erde als Lebensraum in Besitz genommen und gegenüber den Landansprüchen der Kanaanäer als solcher gehalten bzw. verteidigt wird. Der in Gen 1,28 verwendete Imperativ „setzt bzw. haltet euren Fuß auf die Erde als Lebensraum" meint in seinem Kontext also keineswegs einen Kampf gegen die Erde, sondern höchstens einen Kampf *um* die Erde und *für* die Erde: gegen alles, was die Erde als Lebenshaus bedroht und zerstört.

Verantwortung der Menschen für das ganze Lebenshaus

Der Imperativ

In der Auslegungs- und Wirkungsgeschichte des biblischen Schöpfungsauftrags ist vor allem der Imperativ „*und herrscht* über die Fische des Meeres und über die Vögel des Himmels und über alles Getier, das auf der Erde kriecht" (Gen 1,28) als Rechtfertigung gewalttätiger Beherrschung der Natur und der Tierwelt durch die Menschen gedeutet worden. Für das im Urtext verwendete Verbum geben die Wörterbücher in der Tat als Grundbedeutung „treten, niedertreten, beherrschen" an. Die große Monographie des Bonner Alttestamentlers W.H.Schmidt über die (priesterliche) Schöpfungsgeschichte faßt zusammen, was viele bis zur neueren ökologischen Diskussion sagten: Das Wort meint „eine unumschränkte Herrschaft, der gegenüber es keinen Widerstand gibt (Ps 72,8f; 110,2), ein hartes, schonungsloses Unterjochen (Jes 14,2.6; Ez 34,4; Lev 25,53)". Exegeten, die diesen „Herrschaftsauftrag" konkretisieren wollten, dachten an Bekämpfung und Jagd wilder, gefährlicher Tiere, an Zähmung und Züchtung, an Verwendung der Tiere zur bäuerlichen Arbeit.

Adam

erkannte noch einmal seine Frau.
Sie gebar Set (Setzling).
Damals begann man
den Namen des Herrn anzurufen.

nach Gen 4,25f

Und generell an den Gebrauch von Tieren zu allem, was den Menschen nützlich und hilfreich ist (von den Tierversuchen bis zur Tötung der Tiere für menschliche Nahrung, letzteres freilich erst mit Hinweis auf Gen 9,3). Seit den siebziger Jahren hat sich bibelwissenschaftlicher Widerspruch gegen diese Deutung erhoben.

Der „Herrschaftsauftrag"

Unter der Voraussetzung, daß hier eine Metapher (ein Bild) verwendet ist, um die mit der Gottebenbildlichkeit der Menschen gemeinte Aufgabe der Menschen gegenüber ihrem Lebensraum zu erläutern, ist eine gewalttätige und nur dem Menschen dienliche „Herrschaft" wenig wahrscheinlich. Sie würde ja dem ganzen in Gen 1 entworfenen Schöpfungsplan von der Erde als einem Haus des Lebens *für alle* völlig entgegenwirken. Zerstörerische, brutale Menschen als „Bilder" des guten Schöpfergottes - das läuft dem ganzen Aussagegefälle von Gen 1 zuwider. Ob solche „Herrschaft" mit der Formel eingeleitet werden könnte: „Und Gott (Elohim) segnete sie und sprach..."?

Was mit dem „Herrschaftsauftrag" gemeint (bzw. nicht gemeint) ist, läßt sich durch vier Beobachtungen präzisieren:

(1) Die Verwendung des Wortes „herrschen" in der Hebräischen Bibel hat zwar an einigen Stellen gewalttätige Beitöne, aber diese werden dann ausdrücklich mit der näheren Bestimmung „mit Gewalt" (z.B. Lev 25,43.46.53) oder „mit Zorn" (z.B. Jes 14,6) formuliert. In Gen 1,26.28 fehlt eine derartige Angabe; der Kontext schließt sie auch aus.

Das hebräische Wort „herrschen"

(2) Das hebräische Wort „herrschen" steht in sprachgeschichtlichem Zusammenhang mit dem akkadischen Wort, das mit „lenken, leiten, kommandieren" zu übersetzen ist und das in neuassyrischen Königsinschriften die Königsherrschaft kennzeichnet, insbesondere insofern der König in der Kompetenz des Sonnengottes die Geschicke seines Landes und der Lebewesen mit Recht und Gerechtigkeit „leitet". Zu dieser richterlich ordnenden Funktion braucht er zwar Autorität und Gewalt, aber dies ist alles andere als zerstörerische, gewalttätige Herrschaft - zumindest in der Idealkonzeption (um *sie* geht es in Gen 1,26.28).

(3) Schon immer ist der eigenartige Herrschaftsbereich von Gen 1,26.28 aufgefallen. Er umfaßt die Gesamtheit aller Lebewesen, und zwar nicht in ihrer zoologischen Vielfalt, sondern in ihrer Zuordnung zu den Lebensbereichen des dreigeteilten Weltbildes: „Fische des *Meeres*, Vögel des *Himmels*, Vieh/wildes Getier/Kriechgetier der *Erde*". Für die Bedeutung des Wortes „herrschen" heißt dies, „daß nicht ein realer Vorgang, eine spezielle Herrschaftsmaßnahme..., sondern in prägnanter Weise die *universale* Ordnungsfunktion des Menschen zum Ausdruck gebracht wird. ‚Herrschaft' ist um der *Schöpfung im ganzen und ihres Fortbestehens* willen notwendig, sie definiert den Menschen als ‚Bild Gottes', als Sachwalter für das *Ganze der natürlichen Schöpfungwelt*. Dazu gehört, daß er für das Überleben, für die Wahrung der schöpfungsmäßigen Lebenswelt der Tiere sorgt: Die Maßnahmen, die Noah auf Weisung

Kain erkannte seine Frau;
sie wurde schwanger und die Mutter einer großen Nachkommenschaft.

nach Gen 4,17-24

Lamech zeugte einen Sohn und nannte ihn Noach (Ruhe). Noach zeugte Sem, Ham und Jafet.

nach Gen 5,28-32

> Nach der Geburt Sets lebte Adam noch achthundert Jahre und zeugte Söhne und Töchter.
>
> *Gen 5,4*

Als sich die Menschen
über die Erde hin zu vermehren begannen
und ihnen Töchter geboren wurden,
sahen die Gottessöhne,
wie schön die Menschentöchter waren,
und sie nahmen sich von ihnen Frauen,
wie es ihnen gefiel.

Gen 6,1f

Da sprach

der Herr:

Mein Geist soll nicht für immer

im Menschen bleiben,

weil er auch Fleisch ist,

daher soll seine Lebenszeit

hundertzwanzig Jahre betragen.

Gen 6,3

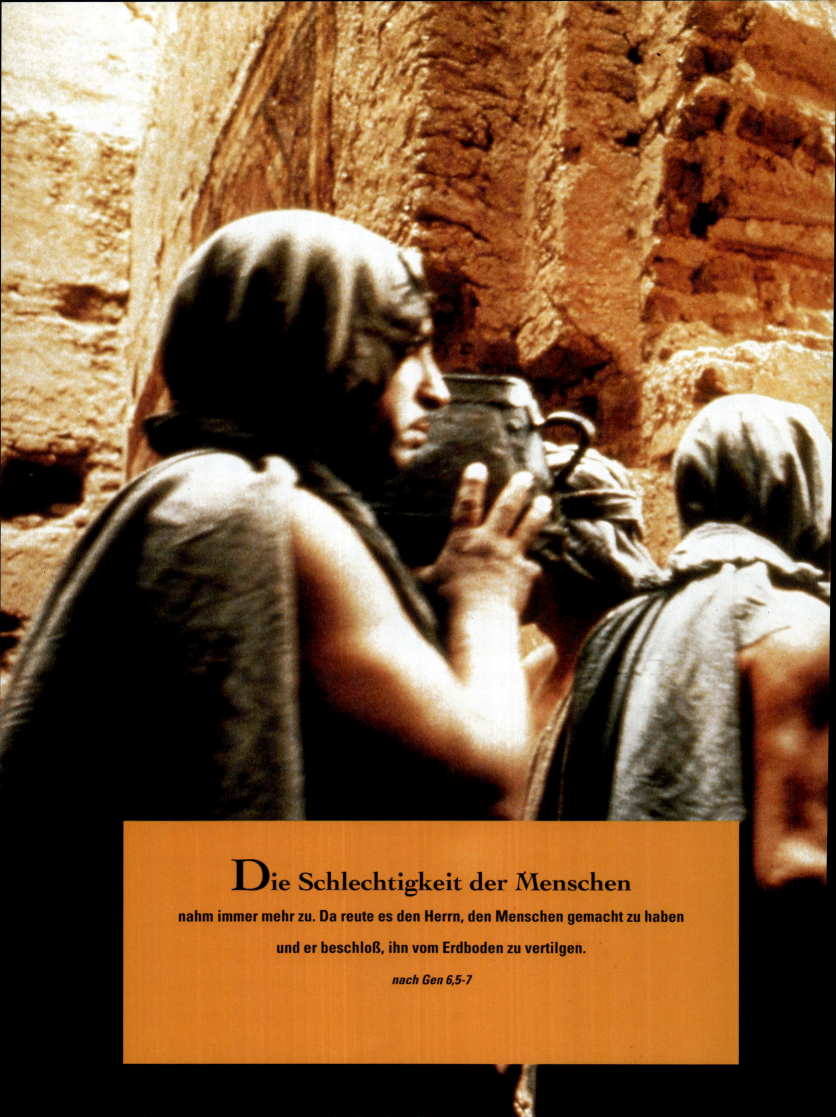

Die Schlechtigkeit der Menschen nahm immer mehr zu. Da reute es den Herrn, den Menschen gemacht zu haben und er beschloß, ihn vom Erdboden zu vertilgen.

nach Gen 6,5-7

Gottes (!) zum Überleben der Tierwelt im Sintflutgeschehen gemäß dem P-Bericht trifft (Gen 6,19ff; 7,13ff), sind von P [Priesterschrift] gewiß als aktuelle Ausübung der Herrschaftsaufgabe der Menschen gesehen; die Zielbestimmung der Lebenserhaltung der gefährdeten Tierwelt, die in Gen 6,19.20 ausdrücklich gegeben ist, ist mehr als bezeichnend!" (B.Janowski).

Die Verantwortung der Menschen für das Lebenshaus

(4) Der Herrschaftsauftrag ist ein Bild, eine *Metapher*, die an der Beziehung Mensch-Tier-Lebensraum die Verantwortung der Menschen für das Lebenshaus verdeutlichen will, insofern die Menschen sorgende und verfügende, schützende und ordnende Repräsentanten des Schöpfergottes selbst sein sollen. Als solche sollen sie königliche Hirten der Lebewesen sein, zumal die Fürsorge der Schöpfergottheiten für ihre Geschöpfe häufig als Hirtentätigkeit gezeichnet wird. Daß die Menschen *de facto* dieser Verantwortung nicht voll entsprechen (können), weiß die Bibel auch. Die Sintflutgeschichte macht sich auch Gedanken über die negativen Folgen der menschlichen Herrschaft.

Die Vision vom kosmischen Frieden

Die zehn Schöpfungsworte Gottes

Die jüdische Tradition stellt heraus, daß es in Gen 1 zehnmal heißt „Und Gott *sprach*", und sie parallelisiert die zehn Schöpfungsworte Gottes mit den Zehn Geboten vom Sinai, zumal es beiden um Leben und Freiheit geht. Das zehnte Gotteswort bei der Schöpfung, das in Gen 1,29–30 steht, ist uns in seiner Bedeutsamkeit meist wenig vertraut. Und doch ist es eine Art Zusammenfassung der Idee, die Gott bei seiner Schöpfung hatte. In Gen 1,29–30 wird das Schöpfungsziel formuliert, hinter dem die Menschen handlungsmäßig zurückbleiben, wie die Sintflutgeschichte erläutert. Dennoch bleibt dieses Schöpfungsziel als Schöpfungssinn (oder als Vision) gültig:

„Und Gott sprach [zu den Menschen]: Siehe, hiermit (über)gebe ich euch alle Pflanzen, die Samen samen, die über die ganze Erde hin sind, und alle Bäume, an denen Baumfrüchte sind, die Samen samen: euch sollen sie sein zur Nahrung".

Daß Gen 1,29-30 Bilder und Vorstellungen der alten Welt von der goldenen Ur-Zeit aufgreift, um damit die leidvoll erfahrene Gegenwart zu kontrastieren, ist oft betont worden. Doch zu Unrecht hat man dem Verfasser vorgeworfen, daß er diese Tradition von einem paradiesischen Ur-Frieden verdorben habe. „P hat diese Tradition gekannt; die Poesie hat er, wie auch sonst, dahinter gelassen, und nur eine ‚wissenschaftliche Theorie' über die Geschichte der Nahrung der Menschen und Tiere daraus genommen. Für die Nahrung aber interessiert er sich als Priester; in seiner Religion spielen ja die Speisegebote und -verbote eine große Rolle" (H.Gunkel).

Doch hier geht es, wie die einleitende Übereignungsformel unterstreicht, nicht um ein „Speise*gebot*". Ebensowenig ist diese Gottesrede eine weitere Erklärung oder Auslegung der Gottebenbildlichkeit der Menschen, denen nach der Herrschaft über die Tiere nun auch noch die Herrschaft über die Pflanzenwelt übertragen werde. Gen 1,29–30 ist nicht einfach die sachliche Fortführung von Gen 1,26–28, sondern führt ein neues Thema ein. Darauf weist nicht nur die neue Redeeinleitungsformel hin. Auch das Fehlen der Motive von 1,29-30 in der Selbstaufforderung Gottes (Gen 1,26) macht das deutlich. Es sind vier Aspekte, die der Erzähler durch die metaphorische Gottesrede verdeutlichen will:

(1) Die feierliche Übereignungsformel („Siehe, hiermit übergebe ich..."), die aus der Rechtssprache stammt, zeigt an, daß mit dieser Gottesrede den Menschen, den Landtieren und den Vögeln die mit Pflanzen ausgestattete Erde als Lebensraum übergeben wird. Wie ein königlicher Landesherr Ölberge, Weingärten und Äcker seinen Vasallen als Lehen „gibt" (vgl. 1 Sam 8,14; 22,7; 27,6), so übereignet der Schöpfergott die Erde den Lebewesen als *ihr* Lebenshaus. Dieser Aspekt, der durch die zweimalige Zweckangabe „zum Essen, zur Nahrung" betont wird, unterscheidet die biblische Schöpfungstheologie von den meisten altorientalischen Kosmogonien, in denen die Menschen geschaffen werden, um die Erde zuallererst *für die Götter* zu bearbeiten.

Die feierliche Übereignungsformel

(2) Die Übereignung der Erde geschieht so, daß den Menschen und den Tieren unterschiedliche Lebensbereiche zugewiesen werden. Der Erzähler deutet damit bildhaft die Utopie an, daß das Einhalten der den einzelnen Lebewesen zukommenden Lebensräume die dem Schöpfungsgeschehen entsprechende Lebensfülle am besten sichern könnte. Daß der Erzähler die grundlegende Unterscheidung menschlicher und tierischer Lebensbereiche für ihre Lebensutopie wählt, hängt mit der Welterfahrung damaliger Menschen zusammen, für die sich in der Relation Mensch - Tier viel grundlegender Spannungen der Schöpfung verdichteten als für uns moderne Menschen. Hinter Gen 1,29–30 steht die Erfahrung, daß Menschen und Tiere als Bewohner ein und desselben Lebenshauses faktisch Partner und Rivalen zugleich sind, wozu die Zuweisung unterschiedlicher Lebensräume das utopische Gegenbild sein will.

Lebensutopie

(3) Daß die Erde als Lebenshaus geplant ist und dies bleiben soll, deutet die Bibel vor allem dadurch an, daß Menschen und Tieren ausschließlich die ‚pflanzliche' Erde übergeben wird.

Kein Lebewesen soll auf Kosten anderer Lebewesen leben

„Wer sich auf Poesie versteht, weiß auch ohne die Einwürfe der modernen Naturwissenschaft, daß diese Erzählung von der goldenen Zeit eine Dichtung ist, ein schöner Traum sehnsüchtiger Herzen" (H.Gunkel). Daß die Menschen nur von den Früchten der Bäume und Pflanzen leben, ist ein Bild, eine Metapher für die gottgegebene Lebensfülle der ‚Ur-Zeit'. Der Erzähler dehnt diese Vorstellung ausdrücklich auf alle Lebewesen der Erde aus. Da die Pflanzen nach altorientalischer Vorstellung keine Lebewesen, sondern nährende und bergende Gabe der Erde sind, ist die hier gemeinte Bildsprache klar: Im Lebenshaus des Schöpfergottes soll kein Lebewesen auf Kosten anderer Lebewesen leben. Die Erde soll nicht durch Gewalttat und Blut zu einem Haus des Todes werden. Das Haus des Friedens soll nicht zu einem Platz von Kampf und Krieg um die besten Fleischstücke werden.

(4) In diesem Text schwingt eine gesellschafts- und herrschaftskritische Dimension mit. „Vegetarisch zu leben bedeutet in der Tradition des Altertums, sich der mit dem Fleischverzehr gesetzten Hierarchie zu enthalten. Es ist aufschlußreich, daß wichtige Worte, die im Griechischen zu Schicksalsbegriffen wurden, zunächst unmittelbar mit der Verteilung von Fleisch (und Beute) verbunden waren. *Daimon* ist zunächst der *Verteiler, moira* die zugemessene *Portion, heimarmene* die, *die über die zugemessene Portion wacht.* Im Anteil am Fleisch manifestiert sich die Stellung eines Menschen in der gesellschaftlichen Hierarchie - in der Verteilerfunktion die Herrschaft" (J.Ebach). Die Metapher zielt demnach auf ein Zusammenleben ohne Kampf und ohne Privilegien - sie zielt auf eine Gesellschaft, in der es keine Gewalt und keine Feinde gibt, weil es keine Rivalität und keine Feindschaft gibt.

Die Friedensutopie

Wie diese Vision vom kosmischen Frieden Realität werden kann, deutet ein anderer biblischer Text an, der etwa zeitgleich mit unserer Weltschöpfungserzählung entstanden sein dürfte, nämlich die im Jesajabuch überlieferte Friedensutopie Jes 11,1-9, die von einer Umkehrung der üblichen Lebensmuster träumt. Der reißende Wolf begibt sich hier in die Obhut des Lamms, der Leopard teilt friedlich das Leben mit dem Böcklein, der urgeschichtliche Kampf zwischen Mensch und Tier ist überwunden, nun spielen Kind und Schlange vergnügt zusammen. Die Raubtiere lassen das Rauben und die Schlange verzichtet auf ihren giftigen Biß. Feindschaft und Kampf sind hier zu Ende. Nicht weil einer der Konfliktpartner vernichtet ist, sondern weil Konversion und Aussöhnung stattgefunden haben. Es gibt keine vernichtende Gewalt mehr, sagt der Text, denn: Die Erde ist voll von Wissen um Gott. Die, die auf der Erde leben, haben erfaßt, was es heißt, „daß die Erde keinem von ihnen gehört" und doch für alle da sein soll, weil sie „die Erde des Herrn" (vgl. Ps 24,1) ist.

Die Ruhe der Vollendung

Das Überraschendste an der (priesterschriftlichen) Schöpfungsgeschichte Gen 1,1-2,4a ist, daß es nicht heißt, Gott habe am sechsten Tag sein Schöpfungswerk vollendet, sondern erst vom siebten Tag her, auf den alle anderen Tage zulaufen: *„Und Gott vollendete am siebten Tag sein Werk, das er gemacht hatte, und er ruhte am siebten Tag von all seiner Arbeit, die er gemacht hatte"* (Gen 2,2). Das ist kein Versehen der Erzähler, sondern eine auf den ersten Blick verborgene, aber hochbedeutsame Aussage: Schöpfung Gottes ist die Welt nur vom siebten Tag her, auf den alle anderen Tage zulaufen. Die sechs Arbeitstage Gottes (und der Menschen und der Tiere) gibt es einzig und allein um dieses siebten Tages willen, den die Hebräische Bibel (spätestens von der Exilzeit an) und das Judentum bis heute *Schabbat* nennt. Von ihm sagt das im 14. Jh. verfaßte Hauptwerk der Kabbala, das Buch Sohar: „In der Tat, alle Tage sind auf den Schabbat hingeordnet und vor ihm her haben sie ihren Bestand".

Die sechs Arbeitstage Gottes

Blickt man auf das Schöpferwerk, so wundert man sich: Eigentlich fehlt der Welt nichts zu ihrem Bestand. Die Fische des Meeres, die Pflanzen, Vögel und die anderen Tiere, auch der Mensch, bevölkern die Erde. Alles ist da, was wir kennen und lieben.

Was also fehlte dem vom Schöpfergott geschaffenen Haus des Lebens noch, obwohl es doch in Gen 1,31 bereits heißt: „Und Gott sah alles, was er gemacht hatte, und siehe: es war (ist) sehr gut"? Der Midrasch Rabba zum Buch Genesis sagt dazu: „Gleich einem König, der einen Trauungsbaldachin machte und ihn mit Figuren und Bildern wundervoll schmückte. Was fehlt noch? Nichts, als daß die Braut unter den Trauungshimmel trat. Ebenso, was fehlte noch an der Welt? Der Schabbat".

Was fehlte dem Schöpfergott?

Der ganz große Bibelausleger des Judentums, Rabbi Schlomo Jizchaqi (abgekürzt: Raschi), schrieb dazu im 11. Jh.: „Was fehlte (nach den sechs Tagen der Schöpfung) noch dem Universum? Ruhe! Dann kam der Schabbat, und mit ihm kam die Ruhe. Und das Werk (der Schöpfung) war vollendet und abgeschlossen". Raschi erklärt an anderer Stelle seines Kommentars (zu Ex 31,15), daß es zwei Arten der Ruhe gäbe, nämlich „die vorübergehende Ruhe" und „die Ruhe der Vollendung". Die „vorübergehende Ruhe" ist das Ausruhen von den Mühen der Arbeit als Kraftschöpfen für das Weiterarbeiten. Solche Pausen der Erholung, vor allem am Abend und im Schlaf der Nacht braucht der Mensch, damit er „gute" Arbeit machen kann; nach der Erzählung Gen 1 gab es solche Pausen der vorübergehenden Ruhe sogar für den Schöpfergott, wie die sechs mal wiederkehrende Formel *„Und (danach) wurde es Abend, und es wurde Morgen"* zeigt. Die Ruhe des siebten Tages ist etwas anderes. Sie ist eine weitere Schöpfungstat Gottes, wie der Midrasch erklärt: „Was wurde am siebten Tag erschaffen? Gelassenheit, Heiterkeit, Frieden und Ruhe". Das ist die Ruhe der Vollendung.

Eine Ruhe in Liebe und Weitherzigkeit

Von dieser Ruhe heißt es im synagogalen Schabbat-Gebet: „Um deine Größe zu verherrlichen und als Krönung des Heils hast du deinem Volk einen Tag der Ruhe und der Heiligung gegeben. (Über diesen Tag der Ruhe) jubelte (bereits) Abraham. Isaak jauchzte. Jakob und seine Kinder aber finden Ruhe durch ihn: eine Ruhe in Liebe und Weitherzigkeit, eine wahre Ruhe voll des Vertrauens, eine Ruhe, die Frieden und Gelassenheit, Unerschütterlichkeit und Zuversicht verleiht. Eine vollkommene Ruhe, an der du Gefallen hast".

Um dieser „Ruhe der Vollendung" willen hat Gott die Welt geschaffen. Man könnte überspitzt so sagen: Um diese Ruhe erleben und genießen zu können, hat Gott selbst gearbeitet. Damit die Schöpfung diese Ruhe der Vollendung erlebt, schafft Gott den siebten Tag und gibt ihm gegenüber den anderen sechs Tagen eine besondere Ausstattung und Würde: *„Und Gott segnete den siebten Tag und er heiligte ihn"* (Gen 2,3).

Was unsere Erzähler damit meinen, erläutern sie uns am Höhepunkt ihrer Exodus-Geschichte. Als Israel an den Berg Sinai kommt, da läßt sich über dem Berg die Wolke der Herrlichkeit Gottes nieder. Sechs Tage lang - und am siebten Tag ertönt aus der Wolke die Stimme Gottes, die Mose in die Wolke ruft. Als Mose an diesem siebten Tag in die Wolke hineingeht und auf den Berg steigt, eröffnet ihm JAHWE das Ziel des Exodus und der Schöpfung: Israel soll gemeinsam ein Heiligtum errichten („arbeiten"), damit es dort das Fest der Begegnung mit seinem Befreier-Gott und das Geschenk, ein befreites Volk zu sein, feiern könne.

Das ist der Sinn des siebten Tages: Hineintauchen in das Geschenk des Festes, der Gelassenheit und der Gemeinschaft (untereinander und vor allem mit Gott). Der Schabbat ist jener Tag, an dem diese Realität der Schöpfungsvollendung erfahrbar sein soll. Die Krone der Schöpfung ist nicht der Mensch, sondern der Schabbat als Ruhe der Vollendung.

Der Mensch als Mann und Frau

Wer Gen 2–3 unbefangen liest, mag den Eindruck gewinnen, hier werde die Unterlegenheit der Frau gegenüber dem Mann festgeschrieben. Alles scheint in dieser Erzählung darauf hinauszulaufen, daß die Frau ihre Existenz und ihre Identität nur in Abhängigkeit vom Mann hat. Die feministische Bibelkritik hat die *so* herauslösbaren Einzelzüge immer wieder zusammengestellt. Sie lassen sich in sechs Punkten zusammenfassen:

(1) Die Frau wird aus der Rippe des Mannes geschaffen; was sie hat, hat sie aus dem Mann. *Bibelkritik an Gen 2-3*
(2) Sie ist vom Schöpfergott als Hilfe des Mannes konzipiert; *das* scheint ihr Existenzgrund zu sein. Sie ist nicht um ihrer selbst willen gewollt.
(3) Wie die Tiere so erhält auch sie ihren Namen, d.h. ihr Wesen, vom Mann, der ihr so auch ihre Rolle in der Welt zuweist; er definiert sie dabei ausschließlich im Blick auf sich selbst („Frau/Männin soll sie genannt werden, denn vom Mann ist sie genommen").
(4) Zwar ist die Frau erst nach dem Mann geschaffen, aber der Frau schreibt dann der biblische Erzähler die aktive Rolle bei der sog. Ursünde zu. *„Weil du auf deine Frau gehört und von dem Baum gegessen hast"* (Gen 3,17), so leitet Gott selbst seinen Fluchspruch über Adam ein. Wohlgemerkt: Er sagt nicht, weil du *mein* Gebot übertreten hast, sondern weil du dich von der Frau hast dazu bewegen lassen. Wird hier nicht ausdrücklich die Frau verantwortlich gemacht für die Vertreibung aus dem Garten?
(5) Der göttliche Strafspruch über die Frau scheint den Patriarchalismus ein für allemal zu sanktionieren: *„Nach deinem Mann sollst du verlangen, er aber soll dein Herr sein"* (Gen 3,16b).
(6) Nimmt man die zahlreichen sexuellen Konnotationen, die die Erzählung vom sog. Sündenfall unbestreitbar hat, ernst, so könnte man den Eindruck gewinnen, daß die Ursünde faktisch in eben nichts anderem bestand, als daß die beiden ersten Menschen die Sexualität entdeckt und praktiziert sowie darin das Geheimnis der Weitergabe von Leben erfaßt haben.

Daß Gen 2–3 in der kirchlichen Tradition über die Jahrhunderte hinweg *so* gelesen wurde, ist keine Frage. Sogar innerersttestamentlich wurde die Geschichte so verstanden, wie das um 175 v.Chr. entstandene Buch Jesus Sirach dokumentiert. Bei Jesus Sirach wird zweimal ausdrücklich auf Gen 2-3 Bezug genommen:

In dem Abschnitt 36,23-31, der den Vorteil und das Glück eines Mannes beschreibt, der eine schöne und verträgliche Frau findet, wird ausdrücklich auf Gen 2,18 zurückgegriffen:

„Wer eine (solche) Frau gewinnt, macht den besten Gewinn, eine Hilfe, die ihm entspricht, eine stützende Säule" (36,29).

Hier wird die Frau in der Tat funktionalisiert auf das, was sie einem Mann an Lebenshilfe und Lebensstütze bieten kann. Daß der Mann der Frau ähnliches schenken könnte oder sollte, fällt Jesus Sirach nicht ein. Und daß das dem ganzen Buch des Jesus Sirach zugrundeliegende Frauenbild dem Klischee einer bürgerlichen Gesellschaft sehr nahekommt, ließe sich leicht aufzeigen. Besonders fatal scheint mir, daß Jesus Sirach Gen 3 folgendermaßen wiedergibt:

*„Von einer Frau nahm die Sünde ihren Anfang,
ihretwegen müssen wir alle sterben" (25,24).*

Daß in solcher Perspektive die Frau zur Inkarnation des Bösen gerät und immer wieder vor der Frau gewarnt wird, ist nicht verwunderlich.

Die problematische Auslegungsgeschichte

Wer heute Gen 2-3 richtig verstehen will, darf die problematische Auslegungsgeschichte dieses Textes, aber auch seine offensichtliche Mißverständlichkeit nicht verdrängen. Beides fordert eine nüchterne, historisch-kritische Lektüre des Textes. Nur auf ihrer Basis können falsche Verständnisse des Textes aufgedeckt und seine theologische Relevanz für unser aktuelles Nachdenken herausgearbeitet werden. Vor jeder Einzelauslegung müssen zwei allgemeinere Gesichtspunkte betont werden.

Die Doppelgesichtigkeit menschlichen Lebens

(1) Eigentlich müßte die Erzählung von rückwärts her gelesen werden. Sie beschreibt in Gen 3 den Ist-Zustand und konfrontiert ihn mit dem Soll-Zustand, der in Gen 2 gezeichnet wird. Gen 3 beschreibt die als widersprüchlich erfahrene Realität des Zusammenlebens von Mann und Frau, die Last menschlicher Arbeit, die gleichwohl den Lebensunterhalt sichert; die Stelle beschreibt auch die Doppelgesichtigkeit der Naturverhaftung menschlichen Lebens, die nicht nur seine Einbettung in die Natur ermöglicht, sondern auch sein Sterben einschließt. Es ist die *condition humaine*, die hier zu Worte kommt – und zwar so, daß sie weder als irrationale Gottestat noch als blindes Schicksal, sondern als in menschlichen Taten und Haltungen gründend vorgestellt wird. Und zugleich wird mit Gen 2 ein Gegenentwurf vorangestellt, gewissermaßen eine Utopie, die motivieren soll, den als leidvoll, gestört und ambivalent empfundenen status quo zu ändern.

(2) Im Horizont der altorientalischen Menschenschöpfungserzählungen nimmt Gen 2–3 insofern eine Sonderstellung ein, als der Schöpfergott hier nicht, wie sonst üblich, das kollektive Menschengeschlecht („Menschen") schafft, das den Arbeitsdienst der Götter übernehmen soll und dafür entsprechend ausgestattet wird, sondern er schafft ein Menschenpaar, um dessen *menschliches* Wohlergehen er sich sorgt.

Die Erschaffung von Mann und Frau

Gen 2,4b–25 ist eine Menschenschöpfungserzählung. Hier wird erzählt, was Mensch-Sein bedeutet und wozu die Menschen als Mann und Frau geschaffen sind. Es ist ein spannender Prozeß in drei Akten, die notwendig sind, damit schließlich zwei Menschen da sind, die der Idee des Schöpfergottes entsprechen.

Die *erste Phase* erzählt die stoffliche Herkunft des Menschen, die ihn als *Adam* (= Erdwesen) zu einem vergänglichen Teil der Erde macht und die sein Leben durch den Lebensatem, den der Schöpfergott ihm einbläst, als Teilhabe an der Lebenskraft Gottes selbst kennzeichnet. So ist der Mensch *(= Adam)* von seinem Ursprung her eine von Gott besonders gestaltete und belebte *adama* (= Erdboden). Insofern *Adam* aus *adama* gestaltet ist, ist sein Leben von fundamentaler Schicksalsgemeinschaft mit seinem Lebensraum bestimmt – bis hin zu seinem Tode. Doch im Sinne unseres Erzählers ist dieses Wesen in der Spannung zwischen Erdverhaftung und Verwiesenheit auf Gott noch kein vollendeter Mensch. Nicht einmal der üppige Paradiesgarten ermöglicht offensichtlich echt menschliches Leben: „Nicht gut", d.h. nicht lebensförderlich, ist es, daß der Mensch „für sich allein" ist, mit sich selbst beschäftigt lebt und nicht durch ein anderes Wesen gefordert und gefördert, das ihm als echtes, gleichberechtigtes Gegenüber begegnet. Das ist der Sinn der Gottesrede: „Ich will dem Adam (dem Mann) eine Hilfe machen, die ihm ein Gegenüber ist" (Gen 2,18). Das Wort „Hilfe", mit dem auch Gott selbst als „Hilfe" des Menschen bezeichnet wird, zielt keineswegs darauf ab, daß die Frau zur „Dienerin", „Lebenshilfe" oder gar „Haushaltshilfe" des Mannes dekretiert werden soll. Noch gibt es im Duktus der Erzählung ja gar keinen Mann. Es gibt nur den noch nicht voll lebensfähigen Menschen. Und damit es ihn gibt, muß dieses Wesen *Mensch* mit einem *Gegenüber* konfrontiert werden, das der Schöpfergott erst noch sucht. Es soll eine „Hilfe" gegen die Einsamkeit sein, wie sie nur „ein ebenbürtiges Vis-à-vis gewährt. Ein nicht ebenbürtiges könnte die Einsamkeit ja nicht wirklich aufheben" (O.Keel). Deshalb kann auch Gott selbst nicht diese Hilfe gegen die menschliche Einsamkeit sein. Auch nicht die Tiere, wie der Erzähler weiter entfaltet.

Als *zweite Phase* folgt die Erschaffung der Tiere. Auch sie sind von Gott gestaltete *Adama*. Das Menschenwesen und die Tiere haben also einen gemeinsamen Ursprung. Aber die Tiere sind nicht das Gegenüber, durch das *Adam* (der Mann) zu einem gelingenden Lebensvollzug geführt wird. Der Erzähler stellt dies plastisch dar: JAHWE schafft die Tiere und führt sie dem Menschen zu - und wartet mit Spannung, was nun geschieht. Vor allem wartet er darauf, wie

Spannung zwischen Erdverhaftung und Verwiesenheit auf Gott

Dieses Wesen Mensch mit einem Gegenüber

das Menschwesen die Tiere „benennt", d.h. was er in ihnen erkennt und wie er sie in seine Lebensgemeinschaft aufnimmt. Doch das Experiment gelingt nur halb. Zwar gliedert das Menschwesen die Tiere durch die entsprechenden Tiernamen seinem Lebensbereich ein. Die Begegnung mit den Tieren öffnet ihm sogar den Mund. Doch „ein Gegenüber der Hilfe" sind die Tiere für dieses Menschwesen nicht. Lebensfähig ist diese Monade Mensch inmitten der Tierwelt und in der Wunderoase immer noch nicht.

Die grundlegende Zusammengehörigkeit von Mann und Frau

Erst in der *dritten Phase* vollendet sich die Menschwerdung. Nicht dadurch, daß *Adam* (der Mann) verdoppelt oder vervielfacht wird, sondern dadurch, daß dieses Menschwesen geteilt wird – mit dem Ergebnis, daß es schließlich Mann und Frau gibt. Daß die Frau vom Schöpfergott um ein Bauelement, das dem Menschwesen entnommen wird, herum gestaltet wird, ist eine zwar häufig belächelte Vorstellung. In ihrem kulturgeschichtlichen Kontext und im Blick auf die hinter der Darstellung stehende Absicht ist dies aber ein bedeutsames Bild. Vermutlich inspiriert sich der Erzähler an Lehmstatuetten, wie sie zu seiner Zeit um einen Kern aus Holz, Schilfrohr oder auch Knochenteilen gebildet wurden. Dieser seinen Zeitgenossen vertraute technische Vorgang kommt der Absicht unseres Erzählers in mehrfacher Hinsicht entgegen. Er demonstriert damit augenfällig die grundlegende Zusammengehörigkeit von Mann und Frau sowie ihre schöpfungsgegebene Verwiesenheit aufeinander.

Er kann die geschlechtliche Differenzierung und damit die menschliche Sexualität voll auf der Ebene des Menschseins ansiedeln, insofern er die Ausfaltung des Menschseins in Mann und Frau dadurch einerseits von der Erschaffung der Tiere absetzt und andererseits dafür kein besonderes göttliches Element einsetzen muß.

Daß die Menschenschöpfung in der Sicht von Gen 2 nicht die Unterordnung der Frau, sondern die Ebenbürtigkeit und Solidarität von Mann und Frau begründen will, zeigt sich in den Worten, mit denen der Mann die Frau freudig annimmt und begrüßt:

Ebenbürtigkeit von Mann und Frau

„Diesmal ist es Gebein von meinem Gebein und Fleisch von meinem Fleisch. Sie wird Männin genannt werden, denn vom Mann ist sie genommen!"

Drei Aspekte dieser sog. Verwandtschaftsformel sind in unserem Kontext bedeutsam:

(1) Erst als die Frau geschaffen ist, erkennt der Mann sich selbst als Mann. Während bislang in der Erzählung nur im Gattungsbegriff vom „Menschen" die Rede war, wird nun der Begriff „Mann" eingeführt.

(2) Durch die gezielte Nebeneinanderstellung der hebräischen Worte für Mann und Frau soll nicht die Abhängigkeit, sondern die Zusammengehörigkeit und Ebenbürtigkeit von Mann und Frau betont werden.

Noach

war ein gerechter, untadeliger Mann

unter seinen Zeitgenossen;

er ging seinen Weg mit Gott.

Gen 6,9

Da sprach Gott

zu Noach:

Mach dir eine Arche

aus Zypressenholz!

Ich will nämlich die Flut

über die Erde bringen.

nach Gen 6,13f.17

Und Gott sprach zu Noach:

Alles auf Erden soll verenden.

Mit dir aber schließe ich meinen Bund.

nach Gen 6,17f

(3) Daß die Worte dem Mann in den Mund gelegt werden, meint keinen Akt der Herrschaftsausübung. Anders als bei der Benennung der Tiere, wo der Mensch das benennende Subjekt ist, formuliert der Erzähler in Gen 2,24 viel offener: „sie wird/soll genannt werden...". Vom Erzählduktus her bedeuten die Worte, daß der Mann bereit ist, die Frau so anzunehmen, wie der Schöpfergott sie gewollt hat. So ist die Formel eine Selbstverpflichtung des Mannes, mit der Frau als *seinesgleichen* zu leben.

Daß Gen 2 geradezu als programmatischer Kontrasttext gegen alle patriarchalischen und sexistischen Diskriminierungen der Frau gelesen werden will, hält 2,24 fest:

„Darum *verläßt der Mann* seinen Vater und seine Mutter und *bindet sich* an seine Frau und sie werden zu einem einzigen Fleisch".

Gegen alle patriarchalischen und sexistischen Diskriminierungen der Frau

Die Bestimmung des Menschen zur Arbeit

„Als die Götter noch wie Menschen waren, die Arbeit leisteten, unter der Mühe litten - die Mühe der Götter war groß, die Arbeit war schwer, die Erschöpfung gewaltig...".

So beginnt der babylonische Atramhasis-Mythos und erzählt dramatisch, wie es die Götter schaffen, endlich Götter zu werden: nämlich, indem sie die Menschen schufen, die ihnen die Arbeit abnahmen. Nun konnten die Götter sich der Muße hingeben, konnten essen und trinken, was die Menschen ihnen in die Tempel brachten. Sie brauchten sich nicht mehr um die Gestaltung der Erde zu mühen – die Menschen machten diese Arbeit für sie.

Das politische und ideologische Interesse, das in diesem altorientalischen Mythos sichtbar wird, ist evident:

Er legitimiert die Zweiteilung der altorientalischen Gesellschaft. Auf der einen Seite steht die kleine Klasse der Herrschenden, die sich von Götter Gnaden her definiert, und auf der anderen Seite steht die Masse der arbeitenden, produzierenden Menschen, denen der Mythos durchaus realistisch ihre in göttlichem Erfindungsgeist begründete Unentbehrlichkeit und Würde zuerkennt.

Daß körperliche Arbeit auf den Feldern und bei Großbauprojekten, aber auch die Arbeit in Handwerk und industrieähnlichen Unternehmungen die eigentliche Selbstfindung des Menschen behinderten, war weithin Meinung der griechischen Aristokratie und ihrer philosophischen Ideologen. Daß Arbeit als Verrichtung des Körpers unter dem Zwang körper-

Die Zweiteilung der altorientalischen Gesellschaft

licher Grenzen kein Vollzug von Freiheit und deshalb des freien Menschen unwürdig ist, war ein in der griechischen Kultur der Antike häufig vertretenes Axiom. „Arbeit und Tugend schließen sich gegenseitig aus", sagte Aristoteles.

Nur ein einziges Mal: Geringschätzung der körperlichen Arbeit

Auch im ersttestamentlichen Teil der Bibel, freilich nur ein einziges Mal, hat sich eine ähnliche Geringschätzung der körperlichen Arbeit niedergeschlagen. In dem oft als „Selbstporträt des schriftgelehrten Weisen" bezeichneten Text Sir 38,24–39,11 wird kunstvoll die These entfaltet, die zugleich als Überschrift vorangestellt ist (38,24):

„Die Weisheit des Bibelgelehrten mehrt die Weisheit, und nur wer frei ist von körperlicher Arbeit, kann weise werden".

Schritt für Schritt wird dann aufgezeigt, was Bauer, Handwerker und Künstler, Schmied und Töpfer machen und wie sie es machen (38,25-30). Der Gelehrte Sirach weiß zwar, daß deren Arbeit lebenswichtig ist und daß man davon gut leben konnte:

*„Ohne sie wird keine Stadt besiedelt,
und wo sie sich niederlassen, hungern sie nicht" (38,32).*

Dennoch sind sie, als Arbeiter, politische, juristische und theologische Ignoranten, eben Menschen zweiter Klasse:

*„Zur Volksversammlung werden sie nicht hinzugezogen,
in der Gemeinde ragen sie nicht hervor.
Sie sitzen auf keinem Richterstuhl
und kennen sich nicht aus in Recht und Gesetz.
Weise Bildung offenbaren sie nicht,
Sinnsprüche sind bei ihnen nicht zu finden.
Sie kennen sich nur in weltlichen Berufen aus,
ihr Sinnen richtet sich (nur) auf die Ausübung des Gewerbes" (38,33-34a).*

Der Gelehrte

Dieses unvollkommene Mensch-Sein haben sie, *weil* sie körperliche Arbeit verrichten, *weil* sie Arbeiter sind. Grell und strahlend setzt sich davon der Gelehrte selbst ab, den keinerlei körperliche Arbeit deformiert:

*„Anders, wer sich der Gottesfurcht widmet
und das Gesetz des Höchsten erforscht" (38,34b).*

Anders als die Arbeiter lebt er, der Theologe, bei den Menschen fort (so bildet er sich ein, und bei Sirach ist es sogar der Fall: wir reden ja über ihn):

"Viele loben seine Einsicht; sie wird niemals vergehen. Sein Andenken wird nicht schwinden, sein Name lebt fort bis in ferne Geschlechter" (39,9).

Aus diesem Text spricht gewiß die Lebensphilosophie eines Angehörigen der gutsituierten Jerusalemer Oberschicht, aber auch die griechische Geringschätzung der körperlichen Arbeit.

Allerdings: dieser Text ist innerhalb des gesamten Ersten Testaments singulär. Er ist auch singulär im Sirachbuch selbst. Er steht im Widerspruch zur Hochschätzung der körperlichen Arbeit, die typisch ist für die jüdische Überlieferung. Die Wertschätzung der körperlichen Arbeit in der biblischen Tradition hat ihre Begründung vor allem in der Schöpfungstheologie. Sie zeichnet den Schöpfergott als „Arbeiter" und sie definiert den Menschen geradezu als Arbeiter im Dienste der Schöpfung.

Der Schöpfergott als „Arbeiter"

Die ersttestamentliche Schöpfungstheologie verwendet eine Reihe von Nomina und Verben, die das Schöpferhandeln in Kategorien körperlicher Arbeit bzw. handwerklicher Tätigkeit bezeichnen. Dabei ist wichtig, daß dieses handwerkliche Tun Gottes als Norm, Maß und Sinnstiftung menschlicher Arbeit reflektiert wird, wie dies bündig im Sabbatgebot in der Fassung des Buches Exodus zum Ausdruck kommt:

"Sechs Tage sollst du arbeiten und jede Arbeit tun... Denn in sechs Tagen hat JAHWE Himmel, Erde und Meer gemacht und alles, was dazu gehört" (Ex 20,9–11).

Weil JAHWE als Schöpfergott gearbeitet hat, sollen in Israel alle arbeiten. Das ist in der alten Welt durchaus keine Selbstverständlichkeit: „Nicht nur Sklaven, auch freie Bauern, wie sie hier angesprochen werden, müssen arbeiten. Und sollen es auch" (F.Crüsemann). Da diese Gebotsformulierung im theologiegeschichtlichen Horizont von Gen 1 zu lesen ist, heißt dies: Bild Gottes ist der Mensch als arbeitender Mensch.

Bearbeiten, Bedienen und Bewahren der Erde

Utopischen Kontrastentwurf zur Alltagswirklichkeit

Versteht man Gen 2 als utopischen Kontrastentwurf zur Alltagswirklichkeit, die in Gen 3–9 geschildert wird, wird besonders deutlich, wie das Erste Testament Arbeit und Mensch-Sein zusammenbindet. Auch im Paradies erhält der Mensch den göttlichen Auftrag, den Garten zu bebauen und zu bewahren (Gen 2,15). Über diese Notiz war der Alttestamentler Karl Budde vor gut 100 Jahren (1883) so erstaunt, daß er den Satz mit folgender Begründung für eine spätere redaktionelle Einfügung hielt: „Nirgends verrät sich die zweite Hand so deutlich wie darin. Zu seligem Genießen ist der Mensch im Paradies, nicht zum Arbeiten und Hüten". An der Meinung Buddes zeigt sich das Mißverständnis, daß das Paradies eine Insel der seligen Müßiggänger sein muß: „und diese wiederum hat eine Wirtschaftsordnung zum Hintergrund, nach der die schwere körperliche Arbeit von Untergeordneten oder von Sklaven getan wird, während die eigentlich menschenwürdige die rein geistige Beschäftigung ist" (C.Westermann).

In Frieden, ohne Rivalität und Konkurrenzkampf

Um es in traditioneller theologischer Sprache zu sagen:
Nicht die Arbeit schlechthin ist „der Sünde Sold", sondern die Bedingungen sind es, unter denen die Arbeit „außerparadiesisch" geschieht und die in Gen 3-9 als mühsamer, ja tödlicher und schöpfungszerstörender Kampf geschildert werden. Noch die als eschatologische Visionen gestalteten Utopien der vollendeten Schöpfung halten daran fest, daß die Menschen arbeiten. Aber es geschieht in Frieden, ohne Rivalität und Konkurrenzkampf und so, daß die Arbeitenden über die Früchte ihrer Arbeit selbst verfügen und sie freiwillig miteinander teilen. Als Beispiel für zahlreiche Texte, die hier zu besprechen wären (vgl. Am 9,13f; Joel 2,21-24; Mi 4,4;), zitiere ich aus der in Jes 65-66 entworfenen Vision vom neuen Himmel und der neuen Erde (65,17):

„Sie werden Häuser bauen und selbst darin wohnen,
sie werden Reben pflanzen
und selbst ihre Früchte genießen.
Sie bauen nicht,
damit ein anderer in ihrem Haus wohnt,
und sie pflanzen nicht,
damit ein anderer die Früchte genießt.
In meinem Volk werden die Menschen so alt wie die Bäume.

*Was meine Auserwählten mit eigenen Händen erarbeitet haben,
werden sie selber verbrauchen.
Sie arbeiten nicht mehr vergebens"* (Jes 65,21-23).

So also ist Arbeit vom biblischen Gott gewollt: Frei von allen entfremdenden und deformierenden Zwängen ist sie *eine* (nicht die alleinige) Grundbedingung glücklicher menschlicher Existenz. Was dies bedeutet, geht auf, wenn wir einen vergleichenden Blick auf die altorientalischen Menschenschöpfungstexte werfen.

In allen altorientalischen Texten ist Anlaß und Zweck der Menschenschöpfung die Arbeit, die notwendig ist, damit die Götter ein göttliches Leben führen können. Besonders plastisch wird dies in dem bereits genannten Atramhasis-Mythos erzählt. „Anfangs... mußten die Götter selber hart arbeiten, dann luden sie die Arbeit niederen Göttern auf, die revoltierten, zuletzt schufen sie zu diesem Ziel den Menschen. Von daher ist seine berufliche Arbeit – Städtebau, Viehzucht, Kanalbau etc. – einerseits Fortsetzung der längst von den Göttern geschaffenen Kulturvoraussetzung, andererseits aber Arbeit für die Götter zu deren Entlastung" (J.Jeremias). In Gen 2 hingegen wird zuallererst der Mensch geschaffen, erst danach pflanzt JAHWE den Garten und setzt den Menschen hinein, daß er ihn „bearbeite und bewahre" und von seinen Früchten lebe. Die Arbeit im Garten ist hier weder Anlaß noch Zweck der Menschenschöpfung. Er soll hier nicht eine Arbeit übernehmen, die andere Instanzen nicht mehr machen wollen, sondern die Versetzung in den Garten ist eher ein Akt göttlicher Fürsorge für den Menschen. Und vor allem: Die Arbeit soll dem Menschen selbst und dem Garten, d.h. auch den Pflanzen und Tieren, die darin sind, zugute kommen. Ein besonderes Eigeninteresse des Gottes JAHWE ist hier nirgends zu erkennen.

Möglicherweise liegt in Gen 2,15 („um zu bearbeiten und zu bewahren") ein brisantes Wortspiel vor. Das hebräische Wort für „bearbeiten, bebauen" bedeutet auch „dienen": Als „Bearbeiter" der Erde (vgl. auch Gen 2,5) sollen die Menschen die Erde „bedienen". Nach Gen 1–2 sind die Menschen nicht Herren, sondern *Diener* der Schöpfung – und *darin* Mitarbeiter des Schöpfergottes.

Arbeit: Frei von allen entfremdenden und deformierenden Zwängen

Darauf sprach

Gott zu Noach:

Geh in die Arche,

du und dein ganzes Haus.

Nimm von allen Tieren

Paare mit,

um Nachwuchs

am Leben zu erhalten.

nach Gen 7,1-3

Noach tat alles, was ihm der Herr aufgetragen hatte. Noach war sechshundert Jahre alt, als die Flut über die Erde kam.

nach Gen 7,5f

Noach ging mit seinen Söhnen, seiner Frau und den Frauen seiner Söhne in die Arche, bevor das Wasser der Flut kam.

nach Gen 7,7

Die Flut

dauerte vierzig Tage.

Sie bedeckte alle hohen Berge,

die es unter dem Himmel gibt.

Die Arche aber trieb auf dem Wasser

dahin.

nach Gen 7,17-19

Jetzt dachte Gott an Noach und an die Tiere. Die Quellen der Urflut und die Schleusen des Himmels schlossen sich.

nach Gen 8,1f

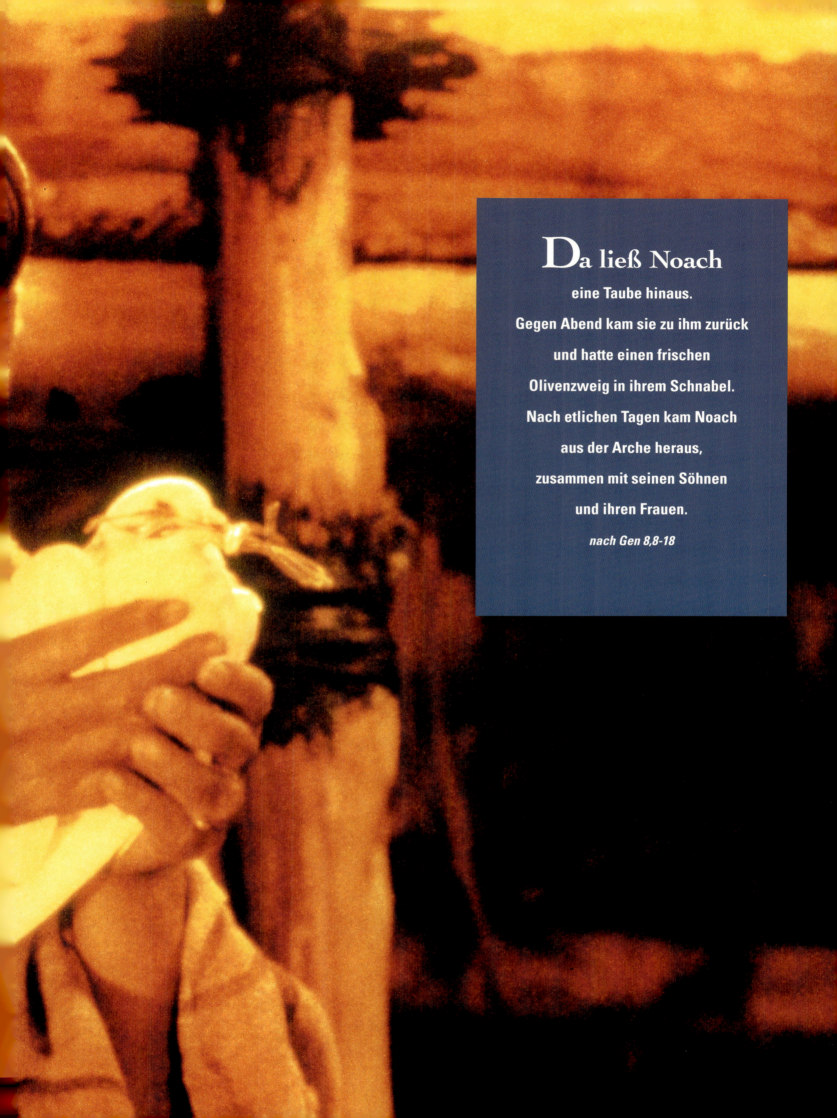

Da ließ Noach
eine Taube hinaus.
Gegen Abend kam sie zu ihm zurück
und hatte einen frischen
Olivenzweig in ihrem Schnabel.
Nach etlichen Tagen kam Noach
aus der Arche heraus,
zusammen mit seinen Söhnen
und ihren Frauen.

nach Gen 8,8-18

Von der Widersprüchlichkeit des menschlichen Lebens

Die Menschen: vom Schöpfergott als seine „Mitarbeiter" gewollt

Die sog. Sündenfallgeschichte Gen 3 reflektiert die biologische und soziale Wirklichkeit des Menschen; beide Aspekte sind in der Erzählung eng miteinander verwoben. Gemessen an der Utopie von Gen 2 ist diese Wirklichkeit alles andere als ideal. Sie ist voller Widersprüche, Widrigkeiten und Gefährdungen – bis hin zur unaufhebbaren Grenze des Todes (vgl. Gen 3,19.22). Die Menschen sind geschaffen, um dem Ackerbau zu dienen und vom Ertrag ihrer Arbeit und des Bodens zu leben - aber warum geschieht dies mit so viel Mühsal und im Schweiße des Angesichts? Die Menschen sind gewollt als Mann und Frau, wesensgleich und doch so verschieden, daß sie sich gegenseitig „Hilfe" und Beglückung werden können - aber warum gelingt dies so selten, und warum übt der Mann Herrschaft aus über die Frau (vgl. Gen 3,16)? Die Frau ist geradezu eine Göttin, weil sie in der Geburt Leben hervorbringt - aber warum muß dies so schmerzvoll und bisweilen todgefährlich sein? Die Menschen sind vom Schöpfergott als seine „Mitarbeiter" gewollt, die auch seiner eigenen Einsamkeit ein Ende bringen sollen - aber warum wollen sie autonom sein und selbst erkennen, „was gut und böse" ist?

Kurz: Warum ist die Welt, in der die Menschen und die Tiere leben, nicht paradiesisch, obwohl sie es doch in der Sehnsucht der Menschen sein sollte - vor allem wenn die Welt Gottes Schöpfung ist? Die Erzählung Gen 3 greift vieldeutige, mythische Bilder auf, um mit ihnen ihre Antworten auf diese vielschichtigen Fragen anzudeuten. Vier Aspekte sollen herausgehoben werden:

(1) Die Mängel und Widersprüche menschlichen Lebens sind nicht gottgewollt. Sie gehören nicht zur Schöpfungsordnung. Die Gottesreden in Gen 3,14-19 sind keine göttlichen Gebote, sondern realistische Feststellungen des als schmerzlich empfundenen Ist-Zustandes der damaligen bäuerlichen Lebenswelt (und darin *Beispiel* auch für andere gesellschaftliche Lebensweisen heute). Hier geht es nicht um Biologie, sondern um Beispiele zur Soziologie menschlichen Lebens. Hinsichtlich der in Gen 3,17-19 erläuterten Rolle des Mannes haben die (männlichen) Bibelerklärer dies übrigens immer so gesehen. Wegen Gen 3,17-19 hat m.E. noch kein Exeget vertreten, es sei die von Gott gesetzte Schöpfungsordnung, daß jeder Mann höchstpersönlich die Scholle des Erdbodens bearbeiten und sein Brot buchstäblich und nur im Schweiße seines Angesichts essen müsse.

(2) Zwar stellt die Erzählung klar heraus, daß die Widrigkeiten des nicht-paradiesischen Lebens eine (Straf-)Folge der menschlichen Grenzüberschreitung (Übertretung des Verbotes von Gen 2,17) sind. Aber in der ganzen Erzählung fällt nicht ein einziges Mal das Wort „Sünde". Im Gegenteil: In Gen 3,22 stellt Gott ausdrücklich fest: „Seht, die Menschen sind geworden *wie wir*, erkennend Gut und Böse". Die Übertretung des Gebotes hat also *auch* die positive Folge gottgleichen Wissens. Es geht um jene Doppeldeutigkeit unserer Erfahrung, daß *wissend* gut nur sein kann, wer auch böse sein kann. Erst nach dem Essen vom verbotenen Baum sind sie „Menschen" im Vollsinn – freilich mit der Konsequenz, daß sie die Widrigkeiten des nichtparadiesischen Lebens mittragen müssen. Ob wir Gen 3 dann noch als „Sündenfallgeschichte" bezeichnen sollten? Die eigentliche „Sündenfallgeschichte" ist die Erzählung Gen 4 vom gewalttätigen Mord Kains an Abel.

Wissend gut kann nur sein, wer auch böse sein kann

(3) Das Essen vom verbotenen Baum läßt die Menschen ihre Nacktheit negativ erleben. So gibt ihnen der gute Schöpfergott die Kleidung – als Schutz sowie als Zeichen des Unterschieds gegenüber den Tieren. Die Kleidung beläßt ihnen freilich ihre „natürliche" Nacktheit, in der sie sich gegenseitig in der Zielperspektive von Gen 2,24 „erkennen" können – als Liebende, wie das Hohelied träumt (vgl. Hld 7,11). Gerade als Liebende sind sie nach der Sicht des Hohenlieds in der Zeit der Liebe „im Garten" von Gen 2.

(4) „Die Schlange" von Gen 3 ist ein mythisches Motiv, dessen Vorgeschichte für uns im Dunkel bleibt. Der biblische Text selbst sagt klar: „Die Schlange war klüger als alle Tiere des Feldes, die Gott gemacht hatte" (3,1). Sie ist also kein „Gegengott" und nicht der Teufel, sondern eines der Tiere der Schöpfung. Und vor allem: Sie ist außergewöhnlich klug – und hilft als solche mit, daß die Menschen zur „Erkenntnis von Gut und Böse" kommen. Gewiß, die Schlange trifft dann der Fluchspruch Gottes (sie allein wird ausdrücklich verflucht!). Ihre Verführungskunst wird nicht gutgeheißen. Ihr Wesen bleibt rätselhaft. Nur ihre Rolle in dem erzählten Geschehen ist klar: Sie ist das personifizierte Wissen, das zur Grenzüberschreitung drängt – und damit den Anstoß zur Widersprüchlichkeit der menschlichen Lebenswirklichkeit gibt.

„Erkenntnis von Gut und Böse"

Wer allerdings die Erzählung Gen 3 ganz verstehen will, muß die Kontrastgeschichte Gen 2 mitbedenken. Dann bleibt es bei dieser Spannung: Das Leben *ist so*, wie Gen 3 erzählt; das Leben *muß nicht so sein*, wenn Gen 2 zum Leitbild menschlicher Lebenssuche gemacht wird.

Die Menschen zwischen Fluch und Segen

Als Diener und Nutznießer der Erde sind die Menschen vom guten Schöpfergott gewollt. Von den Gaben der Erde und vom Ertrag ihrer Arbeit sollen sie leben, nicht ohne Mühsal und Last, aber gleichwohl in der Hoffnungsperspektive glückenden Lebens - das ist der schöpfungstheologische Horizont menschlicher Existenz, der in Gen 1-3 entworfen wird. Gen 2-3 reflektiert die *eine* grundlegende Bestimmung menschlicher Existenz, in der die Menschen als Frau oder Mann in ihrer Geschlechterdifferenz gleich *und* verschieden sind. Gen 4 reflektiert die *andere* Konstituente menschlicher Existenz, daß Menschen immer Brüder/Schwestern/Geschwister sind, sei es weil sie Kinder der gleichen Eltern, sei es weil sie Kinder des gemeinsamen Schöpfergottes sind. Am Beispiel der Brüder Kain und Abel wird erzählt, wie die Menschen mit dieser Realität umgehen - und vor allem, wie der Schöpfergott damit umgeht. Die Erzählung vom Brudermord ist eine Urzeit-Erzählung. Das heißt: Auch in ihr geht es nicht um etwas, das irgendwann einmal in der Frühzeit der Menschengeschichte geschehen ist und an dessen Folgen wir bis heute leiden müssen. Urzeit-Erzählungen stellen nicht Einmaliges, sondern Erstmaliges als Allmaliges dar. Sie erzählen, was niemals war und immer ist.

Eine realistische Sicht der Menschen

Sie decken auf, was jeder niemals war und immer ist. Sie decken auf, was jeder weiß und doch nicht weiß. Und sie wollen helfen, mit dem Wissen um diese vorgegebene Bestimmtheit menschlicher Existenz das Leben zu bestehen - in der Spannung von Glücken und Scheitern. Gen 4 bietet eine realistische Sicht der Menschen. Diese Erzählung ist die eigentliche biblische „Sündenfallgeschichte". Sie beginnt mit der Vision von einer heilen Welt. Da sind zwei Brüder, Kain und Abel; der eine ist Schafhirte und der andere ist Ackerbauer (die beiden Lebensformen der „erzählten" Welt, in der die Geschichte spielt). Beide leben neben- und miteinander glücklich, jeder in seinem Bereich und mit der ihm eigenen Kompetenz. Der Konflikt bricht auf, als sie beide je auf ihre Weise das Gleiche tun und erhoffen:

„Und es brachte Kain von der Frucht des Erdbodens ein Opfer für JAHWE hinein, und Abel brachte hinein, auch er, von den Erstlingen seiner Schafe" (Gen 4,3b–4a). Jeder bringt in seinen Gaben den Ertrag seiner Arbeit, sozusagen seine Existenz. Das verwendete hebräische Wort für „Opfer" unterstreicht: Es ist die Abgabe oder der Tribut, die sie dem Schöpfergott bringen, mit dem Ziel, sein Wohlwollen, seine Zuwendung und seinen Segen zu erlangen. Dabei erlebt Kain seinen Bruder Abel in mehrfacher Hinsicht als Ärgernis und Hindernis:

„Und es wandte sich JAHWE dem Abel mit seinem Opfer zu, dem Kain aber mit seinem Opfer wandte er sich nicht zu. Und es entbrannte dem Kain sehr, und sein Antlitz fiel...

Und Kain stand auf gegen Abel seinen Bruder und er erschlug ihn" (4,4b–5.8b). Der Erzähler konstruiert hier eine ganze Reihe von Irritationen, an denen die Widersprüchlichkeit des „geschwisterlichen" Mensch-Seins aufgehen soll. Mit seiner Aktion folgt JAHWE nicht dem damals üblichen Gesellschaftsmuster: der Jüngere wird dem Erstgeborenen vorgezogen – und dies ohne Begründung. Wie JAHWE auf die Opfer von Abel und Kain reagiert, deckt die Paradoxie menschlicher Existenz auf: daß die Menschen als „Brüder/Schwestern" die Existenz „des/der anderen" als Begrenzung, ja als Bedrohung erleben – und dies nicht ändern können, außer sie nehmen diese ihre eigene Begrenzung als Chance der Ergänzung durch den anderen und des anderen an. Unsere Geschichte spitzt diese Situation so zu, daß Gott selbst für diese Differenz verantwortlich gemacht wird. Kain muß erleben, daß sich JAHWE seinem Bruder Abel gegenüber anders, gnädiger verhält als ihm gegenüber.

Widerspruch zum damals üblichen Gessellschaftsmuster

Und das kann und will Kain nicht hinnehmen. Er sucht den Konflikt zu lösen, indem er Abel tötet. Indem er den Gesegneten beseitigt, will er die Ungleichbehandlung beseitigen, ja ausschließen. Der Brudermord ist das gewalttätige Nein zu einem Mensch-Sein, das geteilt werden muß. Es ist der Protest gegen den Schöpfergott, der solches Mensch-Sein vorgibt und fördert. Der gewaltsame Aufstand des Kain gegen die vorgegebene und ihn begrenzende Bruderbeziehung bringt ihn freilich weder näher zu seinem Gott noch gibt er ihm eine beruhigendere menschliche Identität. Die Gewalt des Kain löst den Konflikt nicht, sondern verschärft ihn, denn die mörderische Gewalt zerstört zugleich Kains bislang lebensförderliche Beziehung zum Ackerboden, dem „natürlichen" Raum seiner Existenz.

Die Bedrohung durch die Existenz des/der Anderen

Die Versuchung, die eigenen Grenzen mit Gewalt zu beseitigen, ist die „ur-geschichtliche" Realität, die in allen Menschen steckt. Das ist der Spiegel, den uns Gen 4 vorhält. Aber nicht nur dies: Gen 4 deutet zugleich an, wie wir mit dieser schmerzlichen Erkenntnis umgehen sollen.

Der Teufelskreis der Gewalt und der Einspruch des Schöpfergottes

Der Fluch der bösen Tat

Die urgeschichtliche Erzählung von der Ermordung Abels durch Kain konfrontiert uns mit der Gewalt als Ur-Sünde der Menschen und ihren fatalen Folgen. Die durch Kain zur Realität gewordene Gewalttat macht den Hang zur Gewalt offenbar, der in jedem Menschen steckt – und jedem Angst macht, auch selbst Opfer der Gewalt zu werden. Und zugleich macht Kain die schreckliche Erfahrung, daß seine Gewalttat ihn buchstäblich entwurzelt. Die Erde, die sein Lebensraum sein sollte, wurde durch seine Gewalttat zu einem Ort des Todes und verweigert sich nun ihm selbst. Der Fluch der bösen Tat bedroht ihn und alles was er tut und wohin er geht (4,11f). Mit dem Brudermord hat Kain die Lebensbezüge gestört, in denen allein er leben kann: Der Brudermörder bringt nicht nur den Bruder um, sondern vernichtet die „Brüderlichkeit", ohne die es erfülltes Mensch-Sein nicht gibt:

„Jeder, der mich findet, wird nun auch mich erschlagen" (4,14).

Das ist die Angst, daß die anderen ebenso gewalttätig sind wie er selbst. Es ist eine Ur-Angst, die aus der alltäglichen Erfahrung im familiären und im gesellschaftlichen Bereich kommt – damals wie heute.

Quelle des Mißtrauens

Die Gewalttat bewirkt Entfremdung auf allen Feldern des Lebens: sie ist Quelle des Mißtrauens gegenüber dem anderen ebenso wie Ursache dafür, daß sich kein friedlich-beruhigtes Leben auf dem Stück Land einstellen wird, das Kain bebauen und „bedienen" soll. Schärfer kann die Destruktivität von Gewalt kaum erfaßt und verurteilt werden: Gewalt ist ein tödlicher Teufelskreis, angesichts dessen der Hohn, mit dem Kain noch auf die erste Gottesfrage spottete:

„Bin ich denn der Hüter meines Bruders?" (4,9),

verstummt und in das Erschrecken umschlägt:

„Zu schwer ist meine Schuld, als daß ich sie tragen könnte" (4,13).

Mit der Gewalttat hat Kain geradezu sich selbst, seine eigene Würde und seine Lebenshoffnung verletzt. Das ist die Widersprüchlichkeit menschlicher Existenz, die Gen 4 erzählerisch bewußt machen will: Der Mensch, der sein Leben nicht mit „dem anderen" teilen und der Gottes Souveränität in dessen liebender Zuwendung zu den Menschen nicht akzeptieren will, zerstört sein eigenes Leben.

Aber: die Erzählung Gen 4 will nicht nur illusionslos aufdecken, was in jedem Menschen steckt, sie will zugleich nahebringen, wie der gute Schöpfergott mit seinen gewalttätigen Geschöpfen umgeht – und was sich daraus für das Zusammenleben der Menschen auf der Erde Gottes ergibt. Gegen die von Kain formulierte Angst, daß er als Gewalttäter nun seinerseits schutz- und rechtlos geworden und als Todesopfer freigegeben sei, stellt JAHWE unmißverständlich fest: *"So darf es nicht sein! Jeder der Kain erschlägt, siebenfach soll es (er) geahndet werden! Und JAHWE machte dem Kain ein Zeichen, daß niemand, der ihn findet, ihn erschlagen dürfe!"* (4,15). Was immer traditionsgeschichtlich hinter dem Kainszeichen stehen mag, seine theologische Bedeutung ist aus der unmittelbar voranstehenden JAHWE-Rede, die Kains Leben durch eine hyperbolische („siebenfach!") Strafandrohung schützen will, klar: Nicht nur Leben, das Opfer von Gewalt wird (wie das Leben Abels), steht unter JAHWEs Rechtsschutz, sondern auch das Leben des Gewalttätigen (wie das Kains) bleibt unter JAHWEs hoheitlichem Schutz und Gericht. Unsere Erzählung lehnt es ab, die vernichtende Gewalt in welcher Form auch immer zu legalisieren: So sehr sie einerseits den ur-menschlichen Hang zur Gewalt aufdeckt, so sehr hält sie andererseits daran fest, daß diese Gewalt zutiefst dem Schöpfungskonzept JAHWEs widerspricht. Der Schöpfergott selbst sprengt den Teufelskreis der Gewalt auf. "Indem Kain geschützt wird, wird zugleich die menschliche Gemeinschaft davor geschützt, sich vom Mord infizieren zu lassen. Wie in Gen 3,21 Gott den entstandenen Konflikt einzudämmen und erträglich zu machen suchte, indem er die Nacktheit der Menschen bedeckte, so versucht er hier, das aufgebrochene Problem des Mordes ‚lösbar' zu machen: die Gemeinschaft wird mit dem Mörder leben müssen, aber ohne selbst den Mord in ihre Praxis aufzunehmen" (E.Drewermann). Das ist ein Kontrapunkt gegen alle Formen destruktiver Schuldfestschreibung, die sich in wie immer gearteten Sündenbocktheorien und faktischen Sündenbockverfolgungen (damals und heute) finden. Das Kainszeichen nimmt nichts von der urgeschichtlichen Schrecklichkeit der Tat des Kain zurück. Insofern behaftet es Kain mit der irritierenden Erinnerung an den von ihm getöteten Abel. Mit dieser Erinnerung muß er leben. Diese Erinnerung soll ihn aber davor bewahren, seine Kain-Existenz immerfort zu aktualisieren. Im Gesamtduktus der Erzählung ist das Kainszeichen als Aktion JAHWEs ein weiteres Paradoxon. Auf den Kain, der seine Opferspende bringt, schaut JAHWE nicht, dem vom Tod bedrohten Brudermörder aber wendet er sich zu. Damit wird der Grundkonflikt, der Kain zum Brudermord trieb, zwar nicht aufgehoben, aber es wird eine Möglichkeit anvisiert, wie er ausgehalten - und in seiner tödlichen Destruktivität bekämpft werden kann. Die Erzählung schließt mit einem melancholischen Wortspiel: *"Und Kain wurde seßhaft im Lande Nod (= Heimatlos), östlich von Eden (= Wonne)"* (4,16). Der Lebensraum der Menschen ist in der Tat angesichts ihrer Kain-Existenz kein Paradies Eden, sondern der Ort Heimatlosigkeit. Aber dennoch bleibt dieser Ort ein Lebensraum, in dem man seßhaft werden und sogar Städte bauen kann, wie der Fortgang der Erzählung zeigt: *"Kain erkannte seine Frau; sie wurde schwanger und gebar Henoch. Kain wurde Gründer einer Stadt und benannte sie nach seinem Sohn Henoch"* (4,17).

Der Schöpfergott sprengt den Teufelskreis der Gewalt

Der Grundkonflikt wird ausgehalten

Gegenkraft zum „Kain-in-uns"

Daß das Leben selbst stärker ist als die tödliche Gewalt des Kain in jedem/jeder von uns Menschen, betont der biblische Erzählzusammenhang, wenn er zum Abschluß von Gen 4 den Set geboren werden läßt als „Ersatz" für Abel (vgl. Gen 4,25). Und vor allem hält dann Gen 5 fest, daß aller Gewalt zum Trotz das Leben sich selbst erneuert – in der Generationenkette der Menschen, von denen allesamt gilt, daß Gott die Menschen als sein Bild schuf (Gen 5,1) und daß diese Bestimmung und Würde von Geschlecht zu Geschlecht weitergegeben wird (Gen 5,3) – als Gegenkraft zum „Kain-in-uns".

Der bleibende Segen des Lebens

Wer die Schöpfungsgeschichten von Gen 1–4 herkommend als Zusammenhang liest, wird in Gen 5,1f überrascht. Hier greift der Erzähler noch einmal auf Gen 1,28–30 zurück:

„Am Tage, da Gott Menschen schuf, machte er ihn als Ähnlichkeit Gottes. Als Mann und Frau schuf er sie und er segnete sie...".

Das klingt wie ein Kontrastkommentar zu Gen 3–4:

Die Lebensdynamik des Schöpfergottes

Die Übertretung des Gebotes von Gen 2,17 durch Adam und Eva, der Ausbruch der Gewalt in und durch Kain und deren Steigerung im Rachelied des Lamech (vgl. Gen 4,23f), dies alles ändert nichts an der Lebensdynamik, die der Schöpfergott der Menschengeschichte eingestiftet hat und die er nicht zurücknimmt:

„... er segnete sie".

Daß und wie der Segen des Schöpfergottes über und in seiner Schöpfung bleibt, wird in Gen 5,1–32 entfaltet *und* gedeutet.

Gen 5,1–32 umspannt den ganzen Lebensbogen von der Schöpfung bis zur Flut. Es sind zehn Geschlechterfolgen, die hier schematisch als menschliches Leben zwischen Gezeugtwerden und Sterben resümiert werden. Zehnmal wird der Strom des Lebens in diesem Auf und Ab geschildert:

„Am Tage, da Gott den Menschen schuf, machte er ihn als Ähnlichkeit Gottes... und Adam lebte 130 Jahre, und er zeugte einen Sohn als seine Ähnlichkeit, als sein Bild. Und er rief seinen Namen Set. Und es waren die Tage Adams, nachdem er Set gezeugt hatte, 800 Jahre, und er zeugte Söhne und Töchter. Und es waren alle Tage Adams, die er lebendig war, 930 Jahre, und er starb" (Gen 5,1-5).

Nur die Namen und die Zahlen ändern sich in der Generationenkette, die von Adam bis Noach reicht: Adam - Set - Enosch - Kenan - Mahalalel - Jered - Henoch - Metuschelach - Lamech - Noach. Damit wird eindrucksvoll die Kontinuität des Lebens ausgedrückt. Daß über die einlinige Kette Vater - Sohn hinaus weitere „Söhne und Töchter" genannt werden, weist auf die Ausbreitung des Menschenlebens in der gesellschaftlichen Vielfalt hin. Drei deutende Akzente werden gesetzt:

Die Kontinuität des Lebens

(1) Die Menschen der Ur-Zeit erreichen ein außerordentlich hohes Lebensalter (von 777 bis 969 Jahren!). Diese Vorstellung teilt die Bibel mit der altorientalischen Welt. Das bekannteste vergleichbare Dokument ist die sog. sumerische Königsliste, die um 2000 v.Chr. entstanden ist und insgesamt 140 Herrscher aufführt, die *a creatione mundi* („seit Anfang der Welt") im Zweistromland geherrscht hätten. Was die Bedeutung oder Symbolik der *einzelnen* Zahlen ist, wissen wir bis jetzt weder für die mesopotamische noch für die biblische Tradition. *Allgemein* wird man sagen können: Die hohen Zahlen unterstreichen den Unterschied zwischen Ur-Zeit und Zeit, zwischen mythischer und historischer Zeit.

Zahlensymbolik

(2) Die siebte (!) Gestalt der Ur-Zeit-Genealogie bricht aus dem Schema aus:

„Und Henoch lebte 65 Jahre und er zeugte Metuschelach. Und Henoch wandelte mit Gott, nachdem er Metuschelach gezeugt hatte, 300 Jahre, und er zeugte Söhne und Töchter. Und es waren alle Tage Henochs 365 Jahre. Und Henoch wandelte mit Gott, und dann war er nicht mehr da, denn Gott hatte ihn (zu sich) genommen" (5,21–24).

Hier deutet sich der uralte Traum der Menschheit an, nicht den Tod erleiden zu müssen. Henoch stirbt nicht, sondern wird von Gott in den Himmel entrückt, weil er „mit Gott wandelte" – das ist das Geheimnis der Unsterblichkeit *und* der Weg zu dieser.

(3) Mit der Henoch-Notiz wird zugleich eine erzählerische Spannung auf Noach hin aufgebaut. Auch von ihm heißt es dann in Gen 6,9: *„Noach... wandelte mit Gott"*. Was also wird mit ihm geschehen? Die Antwort darauf gibt die Fluterzählung, sie ist aber auch schon innerhalb der Genealogie Gen 5,1–32 zusammengefaßt: *„Und Lamech lebte 182 Jahre und er zeugte einen Sohn und nannte ihn Noach (= Ruhe). Denn er sagte: Dieser wird uns trösten bei unserer Arbeit und bei der Mühe unserer Hände auf dem Ackerboden, den JAHWE verflucht hat"* (5,28–29). In und an Noach wird offenbar werden, daß JAHWE rettend und vergebend zu seiner Schöpfung steht. Das ist der Trost, der Kraft gibt, die Mühsal des Lebens auszuhalten, und darauf zu setzen, daß der Segen bleibt – allen menschlichen Irrwegen zum Trotz.

Und Gott sprach:
Ich will künftig nicht mehr alles Lebendige vernichten,
wie ich es getan habe.
nach Gen 8,21c

Noach baute

dem Herrn einen Altar, nahm von allen reinen Tieren und von allen reinen Vögeln und brachte auf dem Altar Brandopfer dar.

nach Gen 8,20

> **N**oach
> lebte nach der Flut
> noch dreihundertfünfzig Jahre.
> Die gesamte Lebenszeit Noachs
> betrug neunhundertfünfzig Jahre,
> dann starb er.
> *Gen 9,28f*

Der ewige Bund Gottes mit seiner Schöpfung

In der dargestellten Geschlechterkette (Gen 5,1–32), die mit Adam beginnt, ist Noach die Nummer 10. Die Zahl 10 signalisiert in der biblischen Überlieferung Vollendung und Fülle. Und in der Tat: Erst mit Noach ist das Werk der Schöpfung beendet. Noach steht buchstäblich auf der Schwelle von der (mythischen) Ur-Zeit zur (geschichtlichen) Zeit. Erst am Ende der Noach-Erzählung ist die Erde so wie sie ist, weil erst jetzt der Schöpfergott sein Verhältnis zur Erde und zu ihren Lebewesen geklärt und ein für allemal festgelegt hat – im „Noach-Bund" mit der Erde und allen Lebewesen auf ihr.

Zu dieser Festlegung kommt der Schöpfergott – so wird jedenfalls erzählt – nach der für die Erde *und* für Gott schmerzlichen Sintflut. Von der Sintflutgeschichte gilt besonders, was wir auch von den anderen Geschichten am Anfang der Bibel gesagt haben: Es geht nicht um ein einmaliges Ereignis, das irgendwann in der Frühzeit der Erde und der Menschen geschah. Deshalb wird auch keine Expedition je die Arche des Noach finden, weder auf dem Ararat noch auf irgendeinem anderen Flecken unserer Erde. Gewiß: Die Flutgeschichten, die es in vielen Kulturen der ganzen Welt gibt, verarbeiten *geschichtliche* Erfahrungen von katastrophischen Überschwemmungen und langandauernden Sturzregen, durch die Ackerkulturen, Siedlungen und Tausende von Tier- und Menschenleben vernichtet wurden. Das sind die Menschheitserfahrungen, die den *geschichtlichen* Hintergrund für die motivliche Gestaltung der *mythischen* Sintflutgeschichten der Bibel und ihrer Umwelt bilden.

Die Erfahrung von Katastrophen

Ihre Sinnspitze ist aber nicht, daß es die erzählte weltweite, kosmische Sintflut wirklich gab, sondern im Gegenteil: Absicht der Erzählungen ist es, die Angst zu bewältigen, daß es jemals eine solche kosmische Katastrophe als ein von den Göttern bzw. vom Schöpfergott geschicktes Strafgericht geben werde. Um die Hoffnungsbotschaft, daß es eine solche Flut *nie* geben werde, zu vermitteln, wird erzählt, daß es *einmal „am Anfang", in der mythischen Zeit (also vor der historischen Zeit), eine solche Flut gab und daß die Götter dabei gelernt und geschworen haben, daß es eine Sintflut nie wieder* geben dürfe.

Die Hoffnungsbotschaft

Die Sintfluterzählung

In der überlieferten Endfassung der biblischen Sintflutgeschichte läßt sich unschwer erkennen, daß hier mindestens zwei Erzählströme zusammengeflossen sind. So sind in Gen 6–9 mindestens zwei Textschichten (Textebenen) zu unterscheiden, deren jüngere als Teil der Priestergrundschrift (um 520 v.Chr.) entstanden ist und die sich zugleich als eine Art Kommentar zur (älteren) vor-priesterschriftlichen Sintflutgeschichte verstand.

Widerspruch der biblischen Erzählungen

Daß in Gen 6–9 zwei sich überlagernde Erzählebenen gegeben sind, ist an den Spannungen, Widersprüchen und Verdoppelungen abzulesen, die in den Einzelheiten der Erzählung unüberhörbar sind und die unmöglich auf das Konto eines einzigen Erzählers zurückgehen können. Am auffälligsten sind folgende vier Widersprüche:

(1) Nach Gen 6,19f soll Noach von allen Tierarten je zwei mit in die Arche nehmen, ein Männchen und ein Weibchen, damit der Fortbestand der Tierart gewährleistet ist. Nach Gen 7,2 soll Noach je sieben reine Tiere und je zwei unreine Tiere mitnehmen.

(2) Nach Gen 7,4.12 dauert die Flut 40 Tage und 40 Nächte; nach Gen 7,6.11; 8,13 dauert die Flut offensichtlich ein ganzes Jahr; nach Gen 7,24 schwoll das Wasser 150 Tage auf der Erde an und dementsprechend brauchte es gemäß Gen 8,3 auch nochmals 150 Tage, bis es wieder sank.

(3) Nach Gen 7,12; 8,2f kommt die Sintflut durch einen mächtigen Sturzregen; nach Gen 7,11; 8,2 ist die Sintflut dadurch ausgelöst, daß sich alle Quellorte des Urozeans, auf dem die Erdscheibe schwimmt, und alle Schleusen des Himmels öffnen.

Doppelungen

(4) Nach Gen 8,6–12 öffnet Noach das Fenster der Arche und schickt zuerst einen Raben und dann dreimal eine Taube aus, um festzustellen, ob sich das Wasser verlaufen habe und ob die Erde trocken sei, so daß er mit seiner Familie und den Tieren die Arche verlassen könnte; in Gen 8,15–17 erhält Noach von Gott selbst den Befehl, die Arche zu verlassen, ohne daß auch nur leise an das „Vogelexperiment" erinnert würde.

Zu diesen Widersprüchen kommt, daß alle wichtigen Etappen des Geschehens zweimal, stilistisch, semantisch und bildlich in unterschiedlicher Gestalt erzählt bzw. erläutert werden. Zweimal stellt Gott fest, daß die Bosheit bzw. die Gewalttat der Menschen groß ist und daß er deswegen die Menschen vernichten wolle (6,5-7 bzw. 6,11-13).

Zweimal kündigt er die Flut an (6,17 bzw. 7,4) und gibt Noach den Befehl, in die Arche zu gehen und Tiere mitzunehmen, um diese am Leben zu erhalten (6,17-20 bzw. 7,1-4); entsprechend wird dann auch zweimal erzählt, daß und wie Noach diesen Befehl Gottes ausführt (7,7-9 bzw. 7,13-16).

Zweimal wird dann geschildert, wie die Flut kommt (7,10 bzw. 7,11), wie das Wasser steigt und die Arche zu schwimmen beginnt (7,17 bzw. 7,18) und wie die Wasserfluten alles Leben außerhalb der Arche vernichten (7,20-21 bzw. 7,22-23). Zweimal wird danach konstatiert, daß die Flut aufhört und daß die Wasser sinken bzw. sich verlaufen (8,2-5). Und zweimal gibt es eine sehr unterschiedlich formulierte Zusage Gottes, daß er nie wieder eine Flut schicken werde (8,20-22 bzw. 9,8-17).

Beide Textschichten kann man als eigenständige Erzählungen lesen. Sie haben einerseits die gleiche Geschehensstruktur. Sie erzählen die Rettung des Noach, seiner Familie und aller Tierarten aus der Sintflut, die der Schöpfergott aus Enttäuschung/Zorn über die Sünden der Menschen und der Tiere auf die Erde geschickt hat; beide Geschichten gipfeln in einer feierlichen „Bestandsgarantie" für die Erde durch den Schöpfergott. Andererseits haben die beiden Geschichten ihr jeweils eigenes Erzählprofil, das sich in folgenden Unterschieden festmachen läßt: Die (vor-priesterliche) Erzählung stellt die Flut als vierzigtätigen Regen dar, läßt Noach den Raben und die Taube ausschicken und schließt das Geschehen mit dem Brandopfer des Noach, dessen lieblicher Wohlgeruch JAHWEs Schöpfungszusage (Gen 8,20–22) auslöst: *„So lange die Erde besteht, sollen nicht aufhören Aussaat und Ernte, Kälte und Hitze, Sommer und Winter, Tag und Nacht"*.

Unterschiede und Gemeinsamkeiten der biblischen Geschichten

Diese letzten Details fehlen in der priesterschriftlichen Erzählung, die die Flut als einjährige gigantische Wasserkatastrophe darstellt. Sie ist stark interessiert an den Details der Archenkonstruktion; die Ausmaße der rettenden Arche werden hier zahlensymbolisch in Verbindung mit dem Heiligtum gebracht, das die Israeliten in der Wüste errichten, damit sich in ihm der Gott des Lebens inmitten seines Volks bzw. seiner Schöpfung offenbaren kann. Nur in der priesterschriftlichen Erzählung ist die Sintflutgeschichte eine Bundeserzählung; nur in ihr gibt es das Motiv vom Regenbogen in den Wolken als Zeichen der Gottesherrschaft und des unwiderruflichen Ja zu seiner Schöpfung. Nur auf der priesterlichen Erzählebene ist dieses Ja des Schöpfergottes mit Geboten zum Schutz des Lebens (vgl. Gen 9,5f) verbunden.

Die Verwandlung des Schöpfergottes

Angesichts der Verderbtheit der Menschen und der Erde insgesamt läßt JAHWE eine gewaltige Sintflut kommen, die alle und alles vernichten sollte. Er reagiert wie die meisten weltlichen und geistlichen Herrscher es taten und tun: Er straft und vernichtet. Auf die Gewalt seiner Geschöpfe reagiert nun auch er selbst mit Gewalt.

Zwei altorientalische Fassungen der Sintflut-Geschichte

Daß eine gottgeschickte Sintflut die Götter von den lästigen Menschen befreien sollte, haben vor Israel auch schon die Sumerer und die Babylonier erzählt. Von ihnen haben die biblischen Erzähler den Stoff übernommen. Vermutlich kannten sie sogar die zwei altorientalischen Fassungen, die auch wir heute kennen; die eine Fassung ist auf der elften Tafel des Gilgameschepos überliefert, die andere findet sich im sog. Atramhasis-Epos. Um die theologische Botschaft unserer Erzählung besser zu begreifen, ist es hilfreich, ihre mesopotamische Vorlage zu kennen.

In dieser findet bei der Sintflut ein Konflikt zwischen *mehreren* Göttern statt. Es ist der Sturm- und Staatsgott Enlil, der da in göttlichem Zorn die menschlichen Störenfriede, die seine Götterruhe (seinen „Mittagsschlaf") beeinträchtigen, ein für allemal durch eine Sintflut ausrotten will. Keiner der Götter wagt es, im Götterrat gegen die göttliche Gewalt zu protestieren. Sogar die Muttergöttin (im Gilgamesch-Epos heißt sie Ischtar, im Atramhasis-Epos heißt sie Nintu, „Herrin des Gebärens") stimmt, wenn auch schweren Herzens, dem Beschluß zu. Aber als die Sintflut einsetzt, heißt es von ihr:

Da schreit Ischtar wie eine Gebärende.
Es jammert die Herrin der Götter, die schönstimmige:
Wäre doch jener Tag zu Lehm (?) geworden, da ich in der Schar der Götter Schlimmem zustimmte!
Wie konnte ich in der Schar der Götter Schlimmem zustimmen,
dem Kampf zur Vernichtung meiner Menschen zustimmen.
Erst gebäre ich meine lieben Menschen,
dann erfüllen sie wie Fischbrut das Meer!

In der Muttergöttin bricht der Widerspruch der göttlichen Gewalt auf: Es „ist wie die Erfahrung einer Mutter, die das, was sie unter Mühen und Schmerzen geboren hat, unter keinen Umständen vernichtet sehen will" (O.Keel).

So ist sie überglücklich, als sie am Ende der Sintflut sieht, daß *ein* Mensch mit seiner Familie die Katastrophe überlebt hat: im Gilgamesch-Epos heißt er Ziusudra bzw. Utnapischtim, im Atramhasis-Epos heißt er Atramhasis (in der biblischen Überlieferung heißt er Noach). Dieser eine überlebte nach der mesopotamischen Überlieferung, weil Enki, der Gott der Weisheit, ihm den Vernichtungsplan verraten und ihm den Rat gegeben hatte, das rettende Boot bzw. die rettende Arche zu bauen.

Als Dank für seine Rettung baut der Gerettete einen Altar und bringt ein Opfer dar. Und als der Duft des Weihrauchs aufsteigt und die Götter anlockt, da verwehrt die Muttergöttin, die Göttin der Güte, dem Gott Enlil, dem Gott des Zorns, den Zutritt zur Götterrunde. Und sie verkündet:

Ihr Götter hier, so wahr des Lapislazuliamuletts an meinem Halse ich nicht vergesse,
will ich die Tage hier, fürwahr, mir merken, daß ewig ihrer ich nicht vergesse!

Was die mesopotamische Überlieferung auf mehrere Gottheiten verteilt, findet nach der biblischen Überlieferung im Kopf und Herzen ein und desselben Gottes statt. Und zwar so, daß dieser Gott am Ende der Sintflut ein anderer ist als vorher. Überspitzt gesagt: Am Anfang ist er Enlil, der Gott des vernichtenden Zorns, sowie Enki, der listig-bewahrende Gott der Weisheit – und am Ende ist er Ischtar-Nintu, die Gottheit der mütterlichen Liebe. Was zu Beginn der Erzählung der Grund für seinen gewalttätigen Zorn war, ist am Ende der Grund für seine warmherzige Geduld und Liebe. Als JAHWE das Weihrauchopfer der Versöhnung riecht, das ihm Noach darbringt, verkündet er: *„Solange die Erde besteht, will ich die Menschen nicht vernichten, auch wenn ihr Trachten nach Bösem und nach Gewalt ist, von ihrer Jugend an. Nein, was lebendig ist, will ich nicht mehr vernichten, wie ich es in der Sintflut getan habe; denn meine Geschöpfe sind sie und mein Leben ist in ihnen"* (vgl. Gen 8,20–22).

Dieser Gott der Sintflut ist am Ende ein anderer als vorher

Das ist nun eine andere Sichtweise Gottes als zu Beginn der Sintflut. Da schaute JAHWE auf sich selbst, *nun* schaut er auf die Menschen: Es sind doch seine Kinder, die er bedingungslos lieben und zu denen er halten will, nicht nur in guten, sondern vor allem in bösen Tagen. Nachdem er sich auf die Menschen eingelassen hat, will er sich *voll* auf sie einlassen – nicht mit der kalten Logik von law and order, sondern mit der großzügigen Liebe einer Mutter, die immer noch zu ihren Kindern hält und ihnen hilft, wenn niemand mehr helfen will.

Die Verwandlung Gottes

Das ist die besondere Pointe der biblischen Sintflutgeschichte: „Die Flut hat... nicht den Menschen verwandelt, sondern Gott" (L.Perlitt). Als Schöpfergott hat er eine Schwäche für seine Geschöpfe, an denen er leidenschaftlich hängt – und die er nicht aufgibt, weil er (paradox gesagt) sich nicht selbst aufgeben kann.

Unter dem Bogen des Bundes

Der unerschütterliche Bund

Im Schlußkapitel der Urgeschichte (Gen 9) wird das Ja des Schöpfergottes zu seiner Schöpfung konkretisiert und in dem großartigen Zeichen vom Bogen in den Wolken zusammengefaßt. Mit einer feierlichen Erklärung stellt der Schöpfergott *alle* Lebewesen unter die Gnade seines Bundes: *„Ich richte meinen Bund auf mit euch und mit eurem Samen nach euch und mit allen lebendigen Wesen..., des Inhalts: Nie (mehr) soll alles Fleisch ausgerottet werden von den Wassern der Flut, und nie (mehr) soll eine Flut sein, um zu verderben die Erde"* (9,9–11). Dieser Bund kennt keine Bedingungen, sondern gründet einzig und allein im Schöpfergott, der diesen Bund „errichtet", d.h. unerschütterlich fest hinstellt. Diesen Bund können die Menschen nicht zum Wanken bringen oder brechen. Sie können ihn bestreiten oder ignorieren, aber daß alle Lebewesen faktisch, aus der Gnade dieses Bundes leben, ist die *eine* große schöpfungstheologische Aussage, auf die es ankommt.

Das unterstreicht die Erzählung mit dem Bild vom Bogen in den Wolken: *„Meinen Bogen habe ich in die Wolken gegeben und er soll sein zu einem Zeichen des Bundes zwischen mir und zwischen der Erde. Und es soll sein: Wenn ich daran gehen möchte, Wolken der Sintflut über die Erde kommen zu lassen, dann wird der Bogen in den Wolken erscheinen, und ich werde meines Bundes gedenken..."* (9,13–15). Der „Vater" der kritischen Pentateuchforschung,

Der Himmelsbogen

Julius Wellhausen, hat das Bild vom Bogen so gedeutet: „Der Himmelsbogen ist ursprünglich das Werkzeug des pfeilschießenden Gottes und darum Symbol seiner Feindschaft; er legt ihn aber aus der Hand zum Zeichen des abgelegten Zornes, der nunmehrigen Versöhnung und Huld. Wenn es gewettert hat, daß man vor einer abermaligen Sintflut in Angst sein könnte, erscheint dann der Regenbogen am Himmel, wenn die Sonne und die Gnade wieder durchbricht". Der abgelegte Bogen signalisiert das Ende der Auseinandersetzung zwischen JAHWE und seiner Schöpfung. Wenn JAHWE angesichts der vielfältigen Gewalt auf der Erde daran gehen möchte, die Erde durch eine Sintflut zu vernichten, strahlt der (Regen-)Bogen am Gewitterhimmel auf und erinnert JAHWE an seinen Bund mit der Schöpfung.

In der altorientalischen Bildsprache hat der (Kriegs-)Bogen noch eine umfassendere Symbolfunktion. Er ist das Zeichen der Herrschaft und des Königtums. Im Konfliktfall, in dem der Schöpfergott in seinem gerechten Zorn über die Bosheit und Gewalt der Menschen die Erde meint vernichten zu müssen, soll der Bogen in den Wolken erscheinen und JAHWE daran erinnern, daß die Erde *sein* Königreich ist, dem er sein bedingungsloses Ja gegeben hat. Insofern ist dieser königliche Bogen, der sich über die ganze Schöpfung wölbt, das Bundeszeichen schlechthin, das die lichtvolle Botschaft in die Schöpfung ausstrahlt: Der Schöpfergott steht auf der Seite des Lebens, weil er das Leben liebt. Von Gott her gilt: Die Sintflut liegt, was ihn anlangt, immer schon *hinter uns*, weil er der Gott der Barmherzigkeit in Treue ist. Daß wir Menschen der Moderne nach dem Motto leben „Nach uns die Sintflut!", ist eine Perversion der biblischen Gottesbotschaft „Hinter euch die Sintflut!".

Die biblische Botschaft, daß der Gott des Bundes seine Schöpfung *nie* aufgibt, weil er sie liebt, ist eine Vision, die unseren Umgang mit der Schöpfung inspirieren und verändern will: **Gott liebt seine Schöpfung**

„Wenn jemand sagt: ich liebe Gott,
aber seine Schwester, die Erde, haßt,
ist er ein Lügner. Denn wer seine Schwester nicht liebt, die er sieht,
kann Gott nicht lieben, den er nicht sieht.
Wer Gott liebt,
soll auch seine Schwester, die Erde, lieben" (vgl. 1 Joh 4,20f).

Die göttliche Initia

Wer kennt sie nicht, die Gedanken, die einem durch den Kopf gehen, wenn man den nächtlichen Sternenhimmel betrachtet: Wie ist das alles nur entstanden? Wie fing alles an? Gab es einen Punkt „Null"? Eine Zeit vor der Zeit?

Die Naturwissenschaftler stellen immer wieder neue Theorien auf und konfrontieren uns mit schier unglaublichen Tatsachen: Die ältesten Sterne sind bis zu 20 Milliarden Jahre alt. Am Anfang – doch was war vor dem Anfang? – soll der „Urknall" gestanden haben: Eine unvorstellbar große Masse von kleinsten, zusammengepreßten Elementarteilchen bricht aus einem tiefsten Dunkel hervor. Temperatur: über 100 000 Millionen Grad. Ein Liter dieser Masse wiegt fast vier Milliarden Kilogramm. Erst 700 000 Jahre nach dem „Big Bang" bilden sich Atomkerne mit umkreisenden Elektronen. Die ersten Anzeichen für Leben auf unserem Planeten (fossile Algen) liegen fast 4 Milliarden Jahre zurück. Primaten gibt es seit etwa 70 Millionen Jahren.

Dagegen wirken die ersten Kapitel der Genesis wie aus einem Märchenbuch. Gott tritt auf als grandioser Architekt und Regisseur, der einen exakten Inszenierungsplan im Kopf hat. Tag für Tag (!) entsteht ein wenig mehr, bis schließlich der Mensch geschaffen wird. Mit Gottes Geist beseelt. Michelangelos faszinierendes Fresko in der Sixtinischen Kapelle gibt dem Betrachter eine Ahnung (großes Bild).

Märchen contra Wissenschaft? Nein. Wir müssen nur jeweils die richtigen Fragen an beide Seiten stellen. Der Genesis geht es nicht darum, naturwissenschaftliche Fragen nach dem „Wie" und „Wann" zu beantworten. Ihr geht es um das „Warum" und „Wohin". Der Anfang der Geschichte ist für die biblischen Autoren der Anfang der Heilsgeschichte Gottes mit den Menschen. Ob also vor Himmel und Erde „nichts" oder irgendein Urstoff war, erfahren wir nicht. Auch die sieben Tage sind sicher nicht wörtlich zu verstehen. Entscheidend ist: Gott, der zeitlich und räumlich nicht zu fassen ist, aber in Raum und Zeit hineinwirkt, schafft ein Lebenshaus. Er ordnet die Dinge, die am Anfang chaotisch und lebensbedrohend sind, und macht sie lebensfreundlich.

Mit dem siebten Tag ist die Schöpfung nicht abgeschlossen. Sie geht weiter. Die Forscher rechnen sogar mit einem Ende des Universums. In wahrscheinlich 10^{60} Jahren. Diagnose: Wärmetod. Die Theologie sagt dazu: Vom Anfang bis zum Ende und darüber hinaus – alles ist von Gott getragen. Doch das ist eine Dimension, die uns immer verschlossen sein wird.

zündung

Schöpfungsgeschichten gibt es in vielen Kulturen

Die alten Ägypter kannten den Gott Chnum, der an einer Töpferscheibe sitzend den Sohn des Pharao formt. In einem altbabylonischen Mythos erschaffen die Götter Menschen, damit diese die Arbeit für sie verrichten. Nicht selten wird die Schöpfung als Kampf der Götter untereinander dargestellt. So im Kampf Marduks mit Tiamat, der Göttin des Meerwassers. Auch die fernöstlichen Religionen haben ihre Schöpfungserzählungen. Parallelen werden sichtbar: „Sie (die Welt) war ganz Finsternis, etwas Unkenntliches." Oder: „Diese Welt war im Anfang Wasser, nur Flut." Das Bild rechts zeigt das höchste Wesen in der Hindu-Kosmologie als Ursprung aller möglichen Schöpfungen. An jedem Haar seines Leibes hängt eine Welt.

Die Genesis nimmt viele dieser mythischen Bilder auf und korrigiert sie zugleich: Nicht nur der König, sondern jeder Mensch ist Abbild Gottes. Jegliche Vergöttlichung von Naturgewalten (in Babel wurden z.B. Gestirne als Götter verehrt) lehnt die Bibel ab. Nur einer ist Gott: Jahwe.

Er da oben, wir da unten

Über den Wandel des Gottes- und Menschenbildes

Das antike, dreiteilige Weltbild: Oben der Himmel mit den daran befestigten Gestirnen, die Erdscheibe in der Mitte (oft auf Säulen ruhend) und die Unterwelt mit den Toten. Die Naturwissenschaft bietet uns heute ein anderes Bild. Die wesentliche Aussage der Bibel aber bleibt: Gott umfaßt alles, den ganzen Kosmos.

Der „liebe Gott wohnt im Himmel" – das ist wohl eines der geläufigsten Gottesbilder, das (nicht nur) Kinder kennen. Der erste Astronaut, der 1961 die Erde umkreiste, der Russe Jurij Gagarin, konnte diese Vorstellung allerdings nicht bestätigen. Als er zur Erde zurückgekehrt war, antwortete er den neugierigen Journalisten, er sei ja nun im Himmel gewesen. Gott aber habe er dort nicht angetroffen. Und wo ist er nun wirklich? Heute wissen wir, daß Himmel und Erde in diesem Zusammenhang keine geographischen, sondern theologische Größen sind. Das heißt: Zum einen ist Gott uns Menschen ganz nahe. Schon im brennenden Dornbusch offenbart er sich als „der, der da ist". In Jesus Christus ist er sogar für uns Mensch geworden. Er hat sich ganz mit unserem Schicksal, auch im Tod, solidarisiert. Andererseits ist und bleibt Gott aber auch immer der ganz andere, der Unfaßbare, der Transzendente. Er ist also, bildlich gesprochen, immer auch im „Himmel". In einer biblischen Erzählung kommt das sehr schön zum Ausdruck: Moses kann nur den Rücken Gottes sehen, nicht aber sein Angesicht (Ex 33,18ff).

Der Mensch wird zu Lebzeiten also immer in diesem Spannungsverhältnis zwischen absoluter Nähe (Gott ist dir näher als du dir selbst) und unbegreiflicher Ferne stehen.

Unser Reden von Gott erscheint uns heute aufgeklärter und weniger mythisch zu sein, wenn wir mit philosophischen Begriffen wie Transzendenz und Immanenz um uns werfen oder wenn wir Wundererzählungen physikalisch durchleuchten. Wer aber die biblischen Bilder richtig betrachtet, wird feststellen, daß die Botschaft dieselbe geblieben ist. Und so manches Bild sagt bekanntlich mehr als tausend Worte.

Gott erschafft die Tiere. Für den Kirchenlehrer Thomas von Aquin (13. Jh.) hatten Tiere keine Seele, also auch kein Verlangen nach Gott. Für sie gäbe es also auch keine Auferstehung. Heute wird das von vielen bestritten. Die Rede von der ganzen Schöpfung, „die in Wehen liegt" (Röm 8,18ff), ist ein Hinweis darauf, daß auch Tiere und Pflanzen erlöst werden. Wie, das wissen wir freilich nicht.

Von der Würde der Tiere und Pflanzen

Bevor Gott den Menschen erschaffen hat, schafft er die Pflanzen und die Tiere. Auch sie sind also eindeutig Geschöpfe Gottes und nicht bloß irgendwelche Gegenstände. So wie wir. Doch welch ein Größenunterschied: Schätzungsweise zehn Millionen Arten leben auf der Erde. Nur ein Bruchteil davon ist schon erfaßt. Dagegen wirkt die einzige Art Mensch lächerlich klein. Nach der Bibel nimmt der Mensch als Ebenbild Gottes dennoch innerhalb der Schöpfung einen „Spitzenplatz" ein. Das heißt aber natürlich nicht, daß der Mensch willkürlich über die Schöpfung herrschen soll. Er soll sie vielmehr an Stelle Gottes hegen und bewahren..

Die Schlange verführt den Menschen. Woher und warum die Schlange plötzlich auftaucht, bleibt ein Rätsel. Eindeutig ist, daß jede Verteufelung der Frau unangebracht ist. Es läßt sich nicht leugnen, daß die Bibel im wesentlichen von Männerhand geschrieben worden ist. Heute ist es wichtiger denn je, die Bibel mit Männer- und Frauenaugen zu lesen. (Lucas Cranach der Ältere: Adam und Eva, Ölbild um 1546)

Das Paradies, die Frauen und die Sünde

Beim oberflächlichen Lesen der Genesis kommt die Frau wahrlich nicht gut weg: Sie wird aus der Rippe des Mannes geschaffen – ist sozusagen „zweite Wahl". Sie soll ihm eine Hilfe sein. Auch die Verfasser des Neuen Testaments scheinen nicht gänzlich von patriarchalischen Denkmustern frei gekommen zu sein. Der Apostel Paulus schreibt im Ersten Korintherbrief wenig schmeichelhaft: „Der Mann wurde auch nicht für die Frau geschaffen, sondern die Frau für den Mann." Das scheint sich bis zum heutigen Tag zu bestätigen. Die Frau hat es schwerer, wenn man auf Statistiken blickt. Auch in Deutschland, Stand September 1995: Lediglich elf Prozent der Führungspositionen in Betrieben in Westdeutschland sind mit Frauen besetzt. Frauen erzielen nur 73 Prozent des Einkommens der Männer. Die Hausarbeit, die Kindererziehung liegen immer noch zum größten Teil in den Händen der Frau, trotz der Möglichkeiten von Teilzeitarbeit und „Vaterschaftsurlaub". Weltweit haben von 100 Managementjobs Frauen gerade 14 inne. Ganz besonders schlimm sieht es aus, wenn es um das nackte Überleben geht: Über 70 Prozent der 1,3 Milliarden Armen sind Mädchen und Frauen.

Die Frau ist aber nicht nur sozial benachteiligt. Nicht mit Zahlen belegbar, aber ganauso wirksam sind Verleumdungen, die die

Die Schlange und die Psychologie

Die Schlange ist ein weit verbreitetes Symbol. In vielen Religionen steht sie für Fruchtbarkeit und gilt als Hüterin ewigen Lebens. Der Psychologe Sigmund Freud schrieb: „Zu den männlichen Sexualsymbolen gehören gewisse Reptilien und Fische, vor allem das berühmte Symbol der Schlange." Die Erzählung vom Sündenfall will Sexualität aber überhaupt nicht verdammen. Auch wenn die menschliche Erfahrung, daß Sexualität eine oft nicht zu bändigende, „verführerische" Triebkraft ist, sicher mitschwingt.

Frauen durch die Jahrhundertwende hindurch getroffen haben und treffen. Wenn sie „die Böse" schlechthin ist. Zu diesem Urteil könnte man auch kommen, wenn man Genesis 3 oberflächlich (und falsche Schlüsse ziehend!) liest: Die Frau ist es, die sich von der Schlange verführen läßt. Sie ist es, die anschließend auch noch den ahnungslosen Adam ins Verderben zieht. Und schon steht im Buch Jesus Sirach (ca. 2. Jh. v. Chr.): „Von einer Frau nahm die Sünde ihren Anfang, ihretwegen müssen wir alle sterben (25, 24)."
Die Frau als Verführerin, die nur mit ihren Reizen spielt und nur „das Eine" im Kopf hat – das ist eine Sichtweise von Männern, die mit ihrer Persönlichkeit und Sexualität nicht klarkommen und ihre Ängste und Verdrängungen auf die Frau projizieren. Auch die Kirche kann sich da im Verlauf ihrer Geschichte von Schuld nicht lossprechen. Der Kirchenlehrer Tertullian (160-220 n. Chr.) schrieb an die Adresse der Frauen: „So lebt auch eure Schuld fort. Ihr seid die Tür, die zum Teufel Zugang gab." Die Hexenverfolgungen und -verbrennungen dürfen nicht verschwiegen werden.
Der Streit, ob Frauen allein wegen ihres Geschlechts benachteiligt werden, wird auch heute in der Kirche geführt. Besonders, wenn es um die Frage nach der Zulassung von Frauen zum Priesteramt geht.
Auf jeden Fall gilt die wirkliche Botschaft der Genesis: Frau und Mann sind vollkommen ebenbürtige Geschöpfe (Gen 1,27). Im Hebräischen wurde dies dadurch ausgedrückt, daß der gleiche Wortstamm benutzt wurde, um beide Geschlechter zu bezeichnen: „isch" heißt „der Mensch, der Mann", „ischa" bedeutet „die Menschin, die Frau" Der Mensch verwirklicht sich erst als Mann *und* Frau. *Beide zusammen* bilden eine Schicksalsgemeinschaft. Im Guten, allerdings auch im Bösen, wie die Geschichte vom „Fall" des Menschen zeigt.

Verflucht zur Arbeit?

Was? Gott soll den Menschen mit Arbeit bestraft haben? „Schön wär's", wird sich so mancher der über 3,5 Millionen Arbeitslosen in Deutschland (Stand: Oktober 1995) denken, der verzweifelt eine Arbeit sucht. In der gesamten Europäischen Union sind rund zehn Prozent der Bevölkerung arbeitslos. Nur wenige Arbeitslose würden Arbeit als Fluch bezeichnen. Oft beginnt mit der Arbeitslosigkeit ein Teufelskreis: Ohne Arbeit keine Wohnung, ohne Wohnung keine Arbeit ... Wer keinen Arbeitsplatz hat, fühlt sich in unserer leistungsorientierten Gesellschaft nutzlos.

In Gen 2,15 heißt es, daß Gott den Menschen in den Garten Eden setzte, „damit er ihn bebaue und behüte". Das Ideal des Pardieses war also kein Schlemmerland. Auf der anderen Seite steht nirgends, daß der Mensch ohne Arbeit nichts wert ist. Eher hat man einen Stamm an der Elfenbeinküste vor Augen, wo die Menschen nur so lange am Tag arbeiten, bis sie mit dem Ertrag ihren täglichen Kalorienbedarf decken können. Der Rest der Zeit gehört der Familie, den Freunden und dem Genießen. Arbeit kann also in doppelter Hinsicht zum Fluch werden: Wenn sie den Menschen bestimmt, statt ihm zu dienen (in Deutschland werden jeden Tag über 270 Zentner Beruhigungspillen und Schlaftabletten geschluckt). Oder wenn der Mensch gar keine Möglichkeit zu arbeiten hat und damit seine Existenz gefährdet ist. Was dem Schreiber der Genesis vorschwebt, ist eine menschengerechte Arbeit – für alle.

Verflucht zum Mord?

Fast ist man geneigt, dem Philosophen Hobbes recht zu geben, der gesagt hat: „Der Mensch ist dem Menschen ein Wolf." Haß und Gewalt bestimmen unsere Welt. Vor unserer Haustür tobte über vier Jahre der Krieg im ehemaligen Jugoslawien. 250 000 Menschen kamen ums Leben. Für 1994 zählte man weltweit 41 Kriege, die seit ihrem Beginn 6,5 Millionen Todesopfer gefordert und über 42 Millionen Menschen aus iherer Heimat vertrieben haben.
Sind die Menschen vielleicht gar nicht dazu in der Lage, friedlich miteinander zu leben? Schon Kain und Abel konnter nicht miteinander. Viele Psychologen behaupten, im Menschen gäbe es ein ständiges Aggressionspotential, das anwachse und sich zwangsläufig immer wieder entladen müsse. Andere sagen, Gewalt entstehe als Reaktion auf mangelnde Befriedigung, Liebe und Anerkennung durch andere. Der Philosoph Arthur Schopenhauer verglich die Menschen gar mit Stachelschweinen: Sie wollen nahe beieinander sein, haben aber auch diese langen Stacheln, so daß Konflikte unvermeidbar sind. Der Psychoanalytiker Erich Fromm meint schließlich: „Der Mensch neigt zum Guten *und* zum Bösen. Die Geschichte von Kain und Abel nimmt den Menschen sehr ernst. Auch seine Schattenseiten. Wenn er nicht an sich arbeitet, ist der Schritt zur Gewalt leicht getan. Eine Frage freilich bleibt: Warum hat Gott den Menschen offensichtlich nicht einfach *nur* gut geschaffen? Woher kommt das Böse? Ist es von Gott gewollt? Daß Gott das Böse nicht will, bezeugt die Bibel immer wieder. Warum es trotzdem geschieht – und sich ja auch nicht immer nur durch menschliches Versagen erklären läßt – bleibt offen.

Der Turmbau von Babel in unsere Zeit verlegt. Ein Gemälde von Bernhard Heisig (geb. 1925), gemalt 1977: Für den Künstler aus der ehemaligen DDR ist das moderne Babel die Medienwelt. Sie führt zu einer universellen Denk- und Sprachverwirrung. Unüberschaubar und dicht. Das Fernsehen verschließt uns den Kopf. Eine Sängerin hat ein Mikrophon, aber kein Gesicht. Der köpfende Fußballspieler. All das symbolisiert das Auslöschen von Individualität und Persönlichkeit. Jeder ist immer und überall erreichbar, kann mit jedem sprechen, doch niemand hat noch etwas Wesentliches zu sagen. Sprache wird zum Ritual, das keine Spuren von Bedeutung hinterläßt. Weil wir unsere Wurzeln verloren haben. Der Betrachter wird eindringlich aufgefordert, der Sprache den Geist der Wahrheit zurückzugeben.

Neues vom Turmbau

Es ist nur eine kleine Geschichte, die vom Turmbau zu Babel. Dafür umso eindrucksvoller. Tatsächlich galt Babel damals als die „chaotische" Stadt schlechthin. Ein Schmelztiegel verschiedenster Sprachen und Nationen. So wie heute vielleicht New York. Am Anfang der Erzählung wird die Frage gestanden haben: Warum verstehen sich die Menschen nicht? Warum sprechen sie nicht eine gemeinsame Sprache? In Europa gibt es heute rund 120 verschiedene Sprachen. Die Sehnsucht nach Einheit ist greifbar. Wie beim Sündenfall hat sich der Mensch seinen beklagenswerten Zustand selbst zuzuschreiben. Er wollte einen hohen Turm bauen, „dessen Spitze bis in den Himmel reicht" (Gen11,4). Heißt: Er wollte dorthin, wo Gott ist. Auch afrikanische und indische Erzählungen kennen übrigens dieses Motiv. Doch dieses Tun kann Gott nicht zulassen. Er zerstreut die Menschen. Im Prinzip wiederholt sich das Motiv vom Sündenfall im Paradies. Erneut sind Heimatlosigkeit und Verwirrung die Folge des menschlichen Handelns.

Countdown für die Schöpfung?

Wissenschaftler warnen: Die Erde ist nur noch 1,3 Grad von der Klimakatastrophe entfernt. Die Durchschnittstemperatur der Erde steigt und steigt. Alle 20 Minuten verschwindet eine biologische Spezies von der Erde. Gut zwei Drittel aller Bäume n Deutschland sind krank. Tendenz steigend. Jeder Bundesbürger pustet täglich über 30 Kilo Kohlendioxid in die Luft. Das Ozonloch über der Antarktis ist jetzt schon so groß wie Europa. „Macht euch die Erde untertan" - So war Vers 28 im ersten Kapitel der Genesis allerdings nicht gedacht. Aber es ist Wirklichkeit. Der Mensch beutet die Natur gnadenlos aus. In dem Glauben, die Natur könnte sich nicht wehren. Aber das ist ein Irrtum. Wir brauchen ein radikales Umdenken, um die Katastrophe zu verhindern. Im Prinzip weiß das jeder. Aber es geht weiter wie bisher. Der „siebte Tag" als Tag der Vollendung der Schöpfung steht noch lange aus. Die Menschen machen sich ihren eigenen „siebten Tag". Und der kommt schneller als der, den Gott gewollt hat.

Der Tempel von Ur

Über 4000 Jahre alt ist dieser Tempelturm von Ur. Aus Ziegeln gemauert und terassenförmig angelegt. 21 Meter hoch, 60 Meter lang, 45 Meter breit. Er war ein Zeichen für die Macht der Götter und des Königs. Und er symbolisiert das glaubende Verlangen des Menschen, dem Ewigen, das „im Himmel" geglaubt wird, näherzukommen.

Adam, wo bist du?

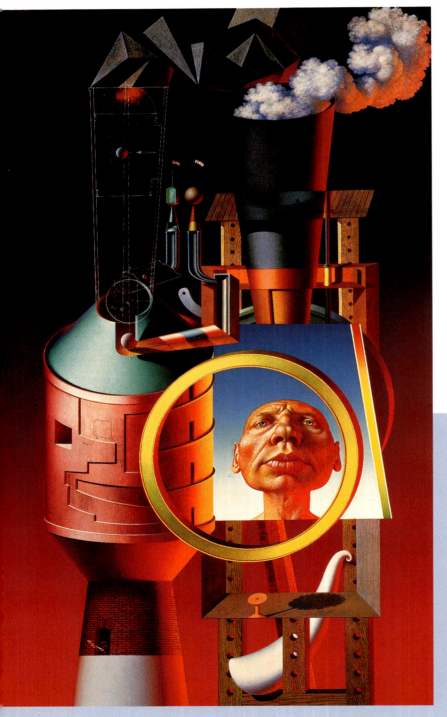

Am Anfang der Zeiten ist alles gut: Gott wandelt im Paradiesgarten „gegen den Tagwind" umher (Gen 3,8). Adam und Eva liegen vielleicht ein paar Meter entfernt unter einem Baum. Natürlich sieht Gott nicht aus wie ein Mensch. Die Genesis möchte damit ausdrücken: Gott, Mensch und Natur leben in vollkommener Einheit miteinander. Jeder hat seinen Platz. Doch der Mensch hat sich von Gott losgesagt. Und so ist es Gott, der den Menschen sucht, nicht umgekehrt: „Adam, wo bist du?" (Gen 3,9). Fast wirkt die Frage etwas gutgläubig, naiv. Adam aber hat sich versteckt, weil er sich schämt. Er kann Gott nicht mehr so gegenübertreten wie vorher. Er versucht, sich herauszureden. Vergeblich.

Im nächsten Kapitel der Genesis ist Gott erneut auf der Suche: „Wo ist dein Bruder Abel?" (Gen 4,9) will er von Kain wissen. Die Szene nimmt im Vergleich zu der im Paradiesgarten noch an Dramatik zu. Kain versteckt sich gar nicht erst mehr wie Adam. Er versucht gar nicht erst, sich herauszuwinden. Er lügt Gott glatt ins Angesicht: „Ich weiß es nicht. Bin ich der Hüter meines Bruders?" (Gen 4,9).

Das „Projekt Mensch" scheint zu scheitern. In Gen 6,6 stehen wir vor dem vorläufigen Schlußpunkt: „Da reute es den Herrn, auf der Erde den Menschen gemacht zu haben, und es tat seinem Herzen weh." Allein der untadelige Noach wird es später sein, der Gott dazu bewegt, Gnade und Liebe vor Recht walten zu lassen. Gott geht sogar noch weiter: „Ich will künftig nicht mehr alles Lebendige vernichten, wie ich es getan habe" (Gen 8,21).

Die Suche Gottes nach dem Menschen zieht sich weiter durch die ganze Bibel. Bis heute. „Adam, wo bist du?" hat nichts an Brisanz und Aktualität verloren. Gott hat sein Schicksal unauflöslich mit unserer Antwort verbunden. Die Frage „Gott, wo bist du?" verhallt zusehends. „Adam, wo bist du?" – Gott fragt uns jeden Tag.

„Adam nach dem Sündenfall II" (1973) von Rudolf Hausner (geb. 1914): Er zeigt Adam als eine Figur mit einengenden Ängsten, als Gefangenen einer übermächtigen Technik, die er selbst geschaffen hat und nun nicht mehr loswird.
Adams Gesichtsausdruck scheint auch das Wissen auszudrücken: Es gibt kein Zurück hinter die Technisierung der Moderne. Der Mensch muß mit seiner selbstgeschaffenen Welt leben. Er muß die Chancen nutzen, die sich ihm bieten. Es bleibt Ernüchterung, aber keine Resignation.

Der Film

Aus einem Interview mit dem Regisseur Ermanno Olmi:

„Ich habe den Film auf meine eigene Art gemacht. Das war für mich der einzige Weg, den biblischen Worten ihre Kraft und Natürlichkeit zu geben. Zunächst las ich die Geschichte, wie wenn ich wieder ein Kind wäre. Denn wenn ein Kind zur Welt kommt, fragt es nicht, warum es geboren wurde. Dann habe ich den Text noch einmal gelesen und an einen alten Mann gedacht, der einem Kind die Geschichte des Ursprungs erzählt, genau so wie es bei uns auf dem Land geschah, wenn die Alten am Abend über ihre Vergangenheit redeten und sich dabei wichtig vorkamen. Ein alter Mann und ein Kind reden über die Sonne und die Finsternis; die Klänge der Natur werden zu Stimmen, die wir genau identifizieren können: die Stimmen des Wassers, der Pflanzen, der Tiere. Das Licht, das auf die Dinge fällt, gibt ihnen Konturen, Tiefe und Form. Der Mensch gibt den Dingen der Natur einen Namen und mit dem Namen eröffnet er sich die Prozedur des Wissens.

Das Buch Genesis lehrt uns auch heute noch, daß selbst im Rauschen des Windes das tägliche Mysterium der Welt liegt und wie sich das Mysterium des Lebens entfaltet. Ein wundervoller Vorgang, der uns immer wieder berührt. Ich dachte an einfache Dinge wie Licht und Klang, die den Menschen zur Entdeckung der Welt führten. Dann bin ich nach Marokko gefahren, um die Drehplätze auszusuchen, und alles hat sich auf eine natürliche Weise entwickelt.

Ich suchte meine „Schöpfung" auf eine naive, sehr volkstümliche Weise zu realisieren. So ließ ich all jene Spezialeffekte und Hollywood-Tricks weg, die bei der Verfilmung biblischer Episoden gewöhnlich benutzt werden. Über mich und die anderen Regisseure der Serie wachte eine Gruppe katholischer, protestantischer und jüdischer Theologen. Mehr als von ihren Ratschlägen habe ich mich jedoch von dem inspirieren lassen, was mich meine Großmutter Elisabetta lehrte, der ich als Kind in den Winternächten am Kaminfeuer zuhörte, wenn sie die Geschichten der Bibel erzählte. Deshalb habe ich mich nach so vielen Jahren bemüht, beim Drehen die Magie und die Verzauberung jener Abende wieder zu erwecken."

Die Landschaft der Genesis

Der Filmhistoriker Hans Gerhold* sieht in der Rolle der Landschaft als filmisches Ausdrucksmittel eine Nähe Olmis zu Pasolini, der „Das Erste Evangelium - Matthäus" im kargen Süditalien sowie seine antiken Epen „Edipo" und „Medea" in archaisch wirkenden Gegenden Nordafrikas gedreht hatte. „In allen genannten Filmen", so meint Gerhold, „spielen wie in Genesis (Die Schöpfung) Urlandschaften eine tragende Rolle als Territorium einer sowohl unversehrten Schönheit als auch harter und gewalttätiger Lebensbedingungen. Karge Gebirgslandschaften wechseln mit fruchtbaren Oasen; Flußtäler, Seen und reiche Ernte versprechende Bäume wechseln ab mit Felshöhlen und vermauerten, direkt in die Berge gehauenen Städten. Olmi hat Landschaften und Menschen weitgehend in Naturfarben aufgenommen, betont erdig und einfach, selten nutzt er farbverändernde Filter. Er läßt die Poesie der Natur für sich sprechen. Spezialeffekte gibt es keine, die Sintflut ist indirekt, über den Ton und die Reaktionen in den Gesichtern der Menschen in Noachs Arche, präsent. Es sind vor allem die natürlichen Effekte des Lichtes in allen Schattierungen, die Olmi mit der Schöpfungsgeschichte in Verbindung gebracht haben will."
Im Zusammenhang mit der Behandlung der Sintfluterzählung verweist Gerhold auch auf Olmis Haltung zur modernen Umweltproblematik: „Auf was auch immer der Blick der ersten Menschen gefallen war, Erde, Himmel, Wasser etc., es wurde der Hand eines Schöpfers zugeschrieben: der Gottesbegriff entstand. Daher stammt die göttliche Inspiration für die Konzepte und Symbole der Transzendenz im Sinne einer Vergeistigung des Schöpfungsaktes. Damit war unweigerlich die Ehrfurcht vor den Dingen der Schöpfung verbunden. Um diesen Aspekt - die Achtung vor jedem Lebewesen - zu betonen und für die Gegenwart transparent zu machen, hat Olmi in einer reinen Montagesequenz Aufnahmen heutiger Artefakte und Aktualitäten in den Film eingebaut: zu sehen sind Hochhäuser in den USA, Bilder vom Golfkrieg, Panzer, brennende Wasser und Zivilisationsmüll.... In diesem Kontext ist Olmis Film nicht nur eine Rückbesinnung, ein Monument der Meditation, sondern eine manifeste Aufforderung, Ideen und Gedanken der Genesis auf die Gegenwart zu lenken und für die Zukunft als Modell anzubieten."

* In der vom Katholischen Filmwerk für Schule und Bildungsarbeit begonnenen Buchreihe zur Filmserie: "Die Bibel", Don Bosco Verlag, München 1995, Bd. 2, S. 49 und 47/48.

wurden künstlich gealtert und geflickt, oft auch eigens gefärbt in den Tönen dieser Landschaft mit Braunschattierungen verbrannter Erde bis hin zu Dunkelrot.

Als Drehort bot sich Marokko an. Man hatte zwar daran gedacht, in Israel, an den authentischen Stätten der Bibel, zu drehen. Aber dort sind heute selbst die Dörfer voll mit Fernsehantennen und Straßenlampen.

Warum hat Olmi im Gegensatz zu den übrigen Folgen der Serie einen Erzähler verwendet?

Die biblische Urgeschichte bedient sich einer gleichnishaften Sprache, um die existentielle Situation des Menschen, seine Beziehung zu Gott und zur Schöpfung „theologisch" zu erklären. Daher sind Adam und Eva, Kain und Abel oder Noach nicht im selben Sinn als „Persönlichkeiten" zu verstehen wie etwa Abraham, Jakob und Joseph oder die späteren Gestalten der Bibel. Diese sind von der Bibel in historische Zeitumstände hineingestellt, wie immer man über die geschichtliche Zuverlässigkeit der Erzählungen denken mag. Bei ihnen ist es verhältnismäßig einfach, jene zusätzlich erfundenen Erzählelemente einzubringen, die für die Zwecke einer Filmdramatisierung immer wieder nötig sind.

Kostüme, Ausstattung, Produktion

Für die Echtheit der Ausstattung und Kostüme waren **Paolo Biagetti** und **Enrico Sabbatini** sowie **Titus Voßberg** verantwortlich.

Sabbatini kleidete die Darsteller ein, wie schon in Zeffirellis „Jesus" sowie in der Filmserie „Marco Polo" von 1980, für die er die Emmy-Auszeichnung für die besten Kostüme erhielt und im Film „The Mission" über die Jesuiten von Paraguay mit Robert de Niro und Jeremy Irons von 1984, der ihm eine Oscar-Nominierung einbrachte. Voßberg, ein gebürtiger Hamburger, aber seit Jahrzehnten „Wahlrömer", konnte alle Requisiten an Ort und Stelle finden, wie er sie in Museen und Dokumentationen, die über das altorientalische Leben Auskunft geben, gesehen hatte. Ortsansässige Handwerker, die noch arbeiten wie schon vor Jahrtausenden, stellten Sandalen, Helme, Messer, Rüstungen und Kleider, Perücken, Speere und Lanzen, Pfeile und Köcher her. Die Stoffe

Bei den Gestalten der Urgeschichte haben wir es hingegen mit „Typen" oder „Modellen" zu tun, mit deren Hilfe die „conditio humana" veranschaulicht wird, das heißt die Situation des Menschen zu allen Zeiten und an jedem Ort. Ähnlich wie bei den Gleichnissen Jesu vom "Vater" und dem "Verlorenen Sohn" oder vom "Ungetreuen Verwalter" brächte eine dramatische Anreicherung durch irgendwelche fiktiven Dialoge oder Zwischenfälle keinen Gewinn an Anschaulichkeit. Die Pointe der Aussage würde im Gegenteil nur verdunkelt und abgeschwächt. Olmi hat deshalb den richtigen Weg gewählt, als er einen Erzähler einführte, der die Kraft des biblischen Textes voll zum Ausdruck bringen konnte. Suggestiv zieht er den Betrachter in die urtümliche Dramatik hinein.

Mit „Abraham" im Frühjahr 1993 und Olmis „Schöpfung" im Herbst desselben Jahres kam nach jahrelangen Vorarbeiten die erste filmische Dramatisierung des Alten Testaments in Gang. Sie wird insgesamt 21 Folgen von je eineinhalb Stunden Dauer umfassen, eines der größten Fernsehprojekte, die je unternommen wurden. Es wird produziert von LUBE, einer Produktionsgesellschaft, die von der italienischen LUX und der deutschen BETAFILM (KirchGruppe) für das Projekt gegründet wurde. Die Inhaber beider Firmen, Ettore Bernabei und Leo Kirch, haben seit Jahrzehnten, wenn auch zunächst unabhängig voneinander, die Realisierung eines solchen Projekts betrieben.

Ziel der Serie ist es nach den Worten des italienischen Koproduzenten, eine textgetreue Wiedergabe der Bibel zu schaffen, die zugleich den Zuschauer zu fesseln vermag. Oder wie Jan Mojto, Geschäftsführer der Kirch-Gruppe, es ausdrückte: Kein Sandalenfilm à la Hollywood und auch kein langweiliges Schulfernsehen. In der Tat sind die biblischen Geschichten literarische Meisterwerke, die Grundlagen menschlicher Existenz: Lebenssinn, Liebe, Neid, Macht und Gewalt, berühren. In einer medienorientierten Gegenwart erschien die filmische Darstellung der beste Weg, Botschaft und Inhalte der Bibel weltweit zugänglich zu machen. Sie hat damit eine ähnliche Aufgabe, wie sie früher von der bildenden Kunst („Armenbibel") und den Mysterienspielen oder Oratorien wahrgenommen wurde. Von Anfang an haben katholische, protestantische und jüdische Bibelexperten bei der Vorbereitung der Drehbücher eng zusammengearbeitet. Das Resultat ist eine ökumenische Perspektive, die jeden fasziniert.

Die Hauptdarsteller

Omero Antonutti (geb. 1935) spielt sowohl den Erzähler als auch den Noach in einer Doppelrolle. Er wurde bekannt durch die Filme der Brüder Taviani „Padre Padrone" - „Mein Vater, mein Herr" (1977 Goldene Palme in Cannes) und „Die Nacht von San Lorenzo" (1981), ausgezeichnet in Cannes mit dem Großen Spezialpreis der Jury und in Italien als Bester Film. In Deutschland wirkte er in Tom Toelles Miniserie „Der König der letzten Tage" (1992) mit.

Antonutti, der Olmi in Freundschaft besonders verbunden ist, war der einzige professionelle Darsteller im Film. Alle übrigen waren jugendliche Laien aus Marokko, die Olmi besonders ausgewählt hatte: Haddou Zoubida als Eva, Sabir Aziz als Adam, Annabi Abedelialil als Kain und Haddan Mohammed als Abel. In einem islamischen Land wie Marokko, in dem noch die traditionellen Ansichten über die Stellung der Frau

vorherrschen, war es nicht einfach, ein junges Mädchen aus der Bevölkerung für die Rolle der Eva zu gewinnen. Mit viel Takt hat Olmi es verstanden, seine Eva, deren Mutter stets anwesend war, beim Drehen der delikaten Szenen unbefangen auftreten zu lassen und sie vor jeder Neugier zu schützen.

Als Olmis Film auf der Biennale 1994 in Venedig der Öffentlichkeit vorgestellt wurde, luden aus diesem Anlaß das Astrophysikalische Institut der Universität Padua und die Cini-Stiftung zu einem Kongreß über die Ursprünge des Universums ein. Unter den dreihundert Naturwissenschaftlern und Theologen, die sich auf der Insel San Giorgio, gegenüber dem Markusplatz, versammelten, war auch der Nobelpreisträger für Physik, Steven Weinberg, bekannt durch seine Hypothese vom „Big Bang". Auch Ermanno Olmi kam zu Wort. Auf die Frage, ob er einen Widerspruch zwischen den Naturwissenschaften und der Theologie der Bibel sehe, gab er bei dieser Gelegenheit in einem Presse-Interview die weise Antwort: „Wir dürfen die beiden Disziplinen, die über diese Rätsel nachdenken, nicht in einen Gegensatz bringen. Wenn man mich beispielsweise fragt, ob meiner Meinung nach das Universum mit dem Big Bang begonnen habe oder ob die Materie schon immer existierte oder ob all diese Lebensprozesse aus dem Nichts ihren Anfang nahmen, kann ich nur antworten: Wenn ich mich frage, wann ich geboren wurde, bin ich dann in dem Augenblick geboren, in dem ein Ei vom väterlichen Samen befruchtet wurde, oder bin ich vielleicht geboren, als meine Eltern sich zum ersten Mal mit Zärtlichkeit betrachteten? Nun gut, das erstere kann man wissenschaftlich beweisen, das zweite kann ich ahnen oder liebevoll herbeiwünschen. Ich möchte behaupten, daß beide Antworten ihren Nutzen haben."